为 人 生 提 供 领 跑 世 界 的 力 量

BLACK SWAN

不是谁都能创业

夏广润
秋叶 著

北京联合出版公司
Beijing United Publishing Co.,Ltd.

图书在版编目（CIP）数据

不是谁都能创业 / 夏广润，秋叶著. — 北京：北京联合出版公司，2016.6
ISBN 978-7-5502-7586-7

Ⅰ. ①不… Ⅱ. ①夏… ②秋… Ⅲ. ①企业管理 Ⅳ. ①F270

中国版本图书馆CIP数据核字（2016）第078319号

不是谁都能创业

作　　者：夏广润　秋　叶
产品经理：周亚菲
责任编辑：孙志文
特约编辑：刘青丽
封面设计：蔡小波
版式设计：佳睿天成

北京联合出版公司出版
（北京市西城区德外大街83号楼9层　100088）
北京鹏润伟业印刷有限公司印刷　新华书店经销
字数180千字　700毫米×980毫米　1/16　14.25印张
2016年6月第1版　2016年6月第1次印刷
ISBN 978-7-5502-7586-7
定价：39.80元

推荐序
创业者要有创业基因，难以培养，只能激发

我在华中科技大学里教了十年的《科技创新方法论》和七年的《技术创业》，一直想带学生做一个像维基百科那样的“创新创业”问答栏目，甚至还建了一个“创业百问百答”的微信群来动员学生收集各种素材和案例。学生虽然能提出大量问题，却总也给不出令人满意的答案，在校生毕竟缺少创业实践经历，看问题的深度和广度不够，格局不大，总结、提炼的本领也有限，于是此事搁浅至今。

没想到的是，我多年前为一支学生技术创新团队——点团队聘请的两位顾问夏广润和张志（网名秋叶），他们联手写了一本新书《不是谁都能创业》，竟然实现了我的愿望。

夏顾问刚写完第一章就寄给我征求意见，我一看全书目录就激动了：这不就是我梦寐以求的“创业百问百答”的内容吗？由这两位经常来点团队精心指导我们、数次在团队大会上做过精彩演讲、口才和文字俱佳的经验丰富之人来撰写，显然远比小家伙们合适，干货一定很多，这本书令我十分期待。

今年以来，此书令我更加期待了。因为我从2015年3月开始，从点团队创始人“华丽”转身为武汉创业红娘，接触了无数创业者，审核过许多靠谱和不靠谱的创业项目，也结交了数百名投资人朋友，在创业这个“深水区”，有了非同以往的诸多感悟，形成了很多新的观点。这时此书也已成稿，再看书中观点，不断

引起强烈共鸣。比如正式定稿的这个书名《不是谁都能创业》，就令我拍案叫绝，一年来我多次感叹过，**创业者要有创业基因，难以培养，只能激发。**

重读全书，再次被那些“干干的”小标题所吸引，例如“不能抱着学习的心态创业”“改变世界不重要，活下去才重要”“创业虽苦，但不要苦大仇深”“要有目标，但不能纠结于目标”“融资和上市只是手段，不是目的”“好创业者最大任务就是控制风险”“最好的商业模式就是‘做买卖’”“好项目不见得就适合自己”“培养对数字的敏感性”“先做‘团伙’，后建‘团队’”“先找臭皮匠，再培养诸葛亮”“要见面谈，不要只看朋友圈！”“别急着过老板瘾，能不能先快速验证你的想法？”……几乎每个标题都可以让我回忆起一段刻骨铭心的往事：无论是我带领点团队与企业合作14年来经历的近300个真实项目所踩过的“坑”，还是点团队老队员毕业后创立的50多家公司走过的直路或弯路，抑或是我这一年来耳闻目睹的大量创业团队从生到死或死而复生的酸甜苦辣，每一段都能引起我深深的共鸣。

我相信只要有过创业体验的人，再读此书，一定与我有同感。

对于看完本书仍有诸多疑惑的读者，不妨下载一个“在行”APP，两位作者（也包括我）都在上面“挂牌”，读者想当面交流的话，这个渠道是最便利的。

作为对创业者的引导，也作为对两位顾问的支持，我打算在创业红娘公益服务中心主办的每期“创业相亲会”上都把此书当作礼物，赠给参会的创业项目负责人，希望与更多的创业者有缘在武汉相见。

华中科技大学启明学院点团队创始人

武汉市创业红娘公益服务中心理事长

刘玉

2016年4月6日于武汉

前言
写给创业者的话

目前可能是中国历史上创业氛围最浓厚的时候，俨然成为一种时髦。无论在社会上还是各大高校里面，经常可以见到企业家、投资人、知名校友的演讲和创业项目路演，五年前这种情况是想都不敢想的。

如果不谈“项目”“估值”“融资”，没有聊过“雷军”“马云”“开复”，可能都不好意思出去见朋友。关于“梦想”“风口”“情怀”“改变世界”的名言警句填满了人的大脑，类似“××项目融资×千万美金”“某两个冤家对头宣布进行合并”的消息铺天盖地，抓你眼球的头条文章都是“90后”“美女”“海归学霸”“辍学创业”“霸道总裁”，媒体上的“创业内容”和“娱乐内容”已经浑然一体，甚至都不知道那些“创业者”到底是企业家还是精通PPT的路演家。

2B（to business 面向企业的项目）也好，2C（to consumer 面向消费者的项目）也好，最终都变成了2VC（to venture capital，面向风险投资人“表演”的项目），创业路演甚至异化成PPT秀场，一个个创业者站出来都是乔布斯的范儿。

但是——我们要说“但是”了，这些热热闹闹的、足够吸引眼球的事情真的就是创业吗？这些“演员”一样的创业者真的是在“创业”吗？

我们见过很多创业项目——**梦想很美好，目标很明确，定位很精准，解决**

的是刚需，但就是没执行方案。

创业者和创业项目不能一直只在讨论“老鼠如何给猫挂上铃铛，从而再也不怕猫偷袭”的问题！但我们看到类似的创业者和创业项目越来越多，所以我们想写这本书，我们认为与其给创业者们提供“永远正确”的建议，不如提供“更有效”的建议。

不是每一个人都适合创业。我们不负责指导你的项目创业，我们只是分享创业的基本常识。我们想用更理性的思考模式来帮助创业者厘清思路，帮助他们找到适合自己的创业项目。所以在这本书里，我们会为你分享如下干货：

创业前规则：创业的准备期短则半年，长达三五年，这段时期非常重要。创业就像种一棵树，准备期就是在找寻合适的土壤和种子。如果等种下种子之后才发现选错了土壤，你就会追悔莫及，毕竟移植不是那么容易的事情！

创业钱规则：无论理想多么丰满，梦想多么伟大，从创业的第一天起就必须要跟钱打交道，对“钱”没有感觉的人是没有办法创业的。有时候你就得背负“死抠、死抠的守财奴”的骂名，有时候你必须毫不吝惜地一掷千金，哪怕心里在流血！我们会分享一些项目融资的方法和步骤，但现金流才是最重要的！创业者一定要学会分析盈利模式、市场推广与拓展方法，让创业项目尽快地赚到真金白银。有时候投资人很“淡定”地建议你“不要太看重现金流”，但是只有手头有钱的时候，你谈融资才会有更好的筹码，等你项目没钱了再找投资人就很难卖出好价格。

创业潜规则：哪里都有“规则”和“潜规则”，创业的圈子也不例外。“潜规则”也有好坏之分，比如“节省成本的办法”“怎样让初创公司看起来很正规”“怎样选择合作伙伴”“怎样对待离职员工”等，往往都是公司没有切实规定的，却是实际应用中必须用得到的“潜规则”。我们认为最大的“创业潜规则”就是：谁的产品更好、服务更好、反应更快，谁就能成功。

创业浅规则：创业其实并不复杂，遵循常规，项目也就成功了一大半。如果一个创业者介绍的项目模式很复杂，恐怕这条路他并没有准备完善。绝大部分好的创业项目其实能让人一听就懂，拍案叫绝，但它不仅有足够高的竞争门槛，而且是你有核心竞争力能快速复制的项目。

回到本书写作的初心，为什么我们要谈创业“Qian”规则？所谓的“Qian”规则，其实就是和大家聊聊创业的常识。

下面，让我们开始吧。

目 录

一　创业不是什么伟大的事情

二　好创业者最大任务就是控制风险

三　打造硬实力：创业者的六项修炼

四　选择创业项目常犯的错误

五　创业团队的组建和运作

八 项目展示（路演）实战技巧

九 如何让你的创业项目落地？

——教你开创业公司

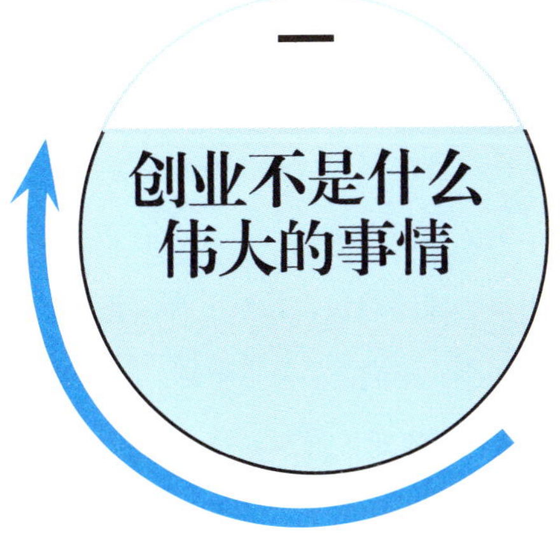

每个人都会有梦想，每个人的梦想都会破灭。如果你要创业，就必须能够在梦想破灭之后还要继续前行。至于有人能坚持到成功的原因，往往不是因为有梦想，而是因为要生存。毕竟，活下去才是硬道理。

1.1 创业的梦想其实没那么伟大

现在不管在哪个行业，似乎每天都有“激动人心”的事情发生——有人创业了，有人融到资金了，有人上市了，有企业被巨头整合了等。在这个风起云涌、群雄逐鹿的时代，如果没有创业的想法和作为，似乎对不起自己的梦想，于是很多小伙伴们也是摩拳擦掌，跃跃欲试。

可人在什么时候最容易做“创业”梦？

当前工作不顺心又找不到更好工作的时候。马云说：“为啥十八罗汉愿意跟着我干那么多年？因为他们在别的地方找不到更好的工作。”任正非是因为在工作时被人骗了近200万元，44岁的他背着处分离开了国企之后必须要养家糊口，被逼无奈才创立了“华为”公司。大部分成功创业者当初的创业动机很简单——为了多赚钱，让自己和家人过上更好的日子。最终结果还不错，还做了很多利国利民的好事！

也有人的确是因为梦想而创业，也获得了巨大的成功。但无论创业的“初衷”是什么，“梦想”其实并没有你想象的那么伟大和重要。**在实力还很弱小的时候，不切实际的梦想和情怀只会成为创业的包袱。**

情怀往往是创业的包袱。对于创业公司来说，使命、愿景、理想……这些文化上的东西都不需要过度纠结。

创业是一个非常专业和理性的过程，创业团队的组建过程更是充满了妥协和无奈。创业不见得就是什么“伟大”的事情，创业只是一种生存和生活的方式而已。**创业不能是梦想本身，创业只是实现梦想的方式之一。**处在创业中的心理状态应该是“悲观而积极”——做最坏的预判，但是要以最迅速的行动，奔向最好的目标。**创业者的任务就是尽快赚钱，让自己的企业先活下来。**

案例：华为公司1988年成立，但是《华为基本法》是在1995年萌芽、1996年形成大纲，最终在1998年才正式审核通过的，距离华为公司成立已经过去10年。《华为基本法》实际上是对华为前十年工作经验的总结，并对后面的工作进行指导的大纲。如果华为从刚成立就制定《基本法》，那样很可能会因为陷入“先有鸡还是先有蛋”的问题中而自乱阵脚。

1.2　不能抱着学习的心态创业

很多“学院派大师”和优秀的“职业经理人”习惯用“职业化培训”或“绩效考核”模式来创造成长，却不擅长使用“反复试错”和“战术迂回”来运作项目。他们更擅长调度资源，使其在业务边界清晰的范围内做到NO.1，却不擅长在缺乏资源的情况下，突破在未知领域的“瓶颈”。

有人认为创业就像谈恋爱一样，看再多的“如何谈恋爱”的书籍，也不如实际去接触爱情，这是有一定道理的。在家面壁不如出去撞壁，“行动力”比“面壁”更重要。

创业者不是“培养”出来的，也不能只靠“学习”，必须是在实战中摸爬滚打，在一点一滴的磨炼中成长，才能成为优秀的创业者。“宰相必起于州部，猛将必发于卒伍”，**任何职业都只有从底层一点点做起，经过重重考验，才会有更稳健的发展。**

要想成功创业，就不能抱着一味学习的心态，也不能抱着“长经验”的心态去创业，从创业的第一天开始，就要想着应该如何创造出别人需要的价值并转化成收入。创业和就业不同，创业如同上战场，就是真枪实弹地干，“置之死地”之后才能找到成功的路径，别无他法。**绝大部分创业成功的人都是被逼出来的，他们中很多人也没想到自己会有后来的巨大成功。**

不光是创业，在职场中也是如此。很多刚入职场的毕业生，见资历高的职场“老人”就喊“老师”，言必称“我是来学习的”，自认为这是“低调”和“礼貌”，实际上这是不成熟的表现。从进入职场的第一天起，你就是来为企业创造价值的，至于“学习”，则应该是晚上回家之后的事情。很多职场高手利用晚上和周末的时间来学习，平日上班的时候则从不说“学习”，显得很“专业”，哪怕是装得很“专业”也行!

言必称“学习”的人，其潜意识可能是“人家是来学习的嘛，犯点错也是难免的”，这是一种“承担不起后果” 的心态。创业者尤其需要的是能独当一面的搭档，所以创业者要慎提“学习”，将注意力聚焦到创造用户价值上去。

1.3 英雄不问出处，创业不分早晚

总有一天你们会庆幸：幸亏我在30岁的时候还没钱创业，否则哪来现在的好机会！

在我们的成长过程中，不断地有人提醒“机不可失，时不再来”，张爱玲的那句“成名要趁早”更是影响深远，因此很多人犯了“着急”的毛病。

首先，我们要正告大家的是：机会随时都会有，创业没有早晚。比如我们经常会遇到这样的提问：

“我们大学生创业能成功吗？”

“毕业后是先就业还是先创业？”

“创业失败还有公司会要我吗？”

“投资人说大学生创业不靠谱，他们只投资有工作经验的人。而有的投资人说职业经理人缺乏创意和闯劲儿，宁愿投在校创业的大学生。我该听谁的？”

“人家×××，只比我大一岁，公司都上市了！”

坦白地讲，如果你的提问还是停留在这个阶段，至少你现在还不适合创业，也不必急于去创业。适合创业的人往往有非常清晰的认知，主要包括能很

清楚地回答下列问题：

1. 我是谁——你和其他人不一样的地方；

2. 我擅长做什么——别人抢不走、偷不走的核心技能/资源优势；

3. 怎样把我的特长/资源变成钱——懂市场交换的法则而且能快速变现。

准备创业的关键并不是资源和钱，也不是“好项目”，而是弄清楚“我是谁”。我们倒不是认为学生不可以创业，而是说绝大部分大学生在自我认知方面还有所欠缺。就像电影《后会无期》里的那句话——“你连世界都没观过，谈什么世界观？”

在企业管理中有个很重要的思想叫作“人岗匹配”——人的特点和特长与岗位需求相匹配，创业也是要讲究“**人的特点和特长与创业项目的需求相匹配**”。你连自己都认识不清，怎么去找合适自己的项目呢？

广润老师有个师弟，读大学的时候就非常痴迷打网络游戏，他对于很多网游都有深刻的研究，写出了各种攻略分享给“圈内人”，甚至能写出某个网游的优化策略。他毕业之后，很多游戏企业抢着要他去上班。工作不到一年他就辞职自己做游戏公司创业，现在发展得很不错。他回忆自己的创业经历时就说，要想做游戏创业，就必须要痴迷于游戏，有极度的热情而且能够废寝忘食地玩。而且还得保证大学考试“不挂科”（自律性强）。他读大学的时候就知道自己将来的工作一定跟游戏有关，而且未来肯定是要创业。

本书作者秋叶老师，活了36年想都没有想过创业，等他37岁的时候，突然发现可以借助自己在PPT领域的影响力，创造一个别人难以复制的在线教育模式，这才带着小伙伴一起创业。如果让秋叶老师36岁就创业会如何？——除了把家产都赔进去，秋叶老师估计很难有什么好结局。所以说梦想和情怀是很贵的，一定要想好自己能否为它持续埋单。

1.4 太坚持和太靠谱不见得是好事

很多人说“要选定一个方向坚定地走下去才能成功”，而只有创业过的人才知道“选定一个方向”比“坚定地走下去”要困难得多。创业者最怕的就是被别人认为“不靠谱”，但是几乎每一个创业者在某一个时期都会被人认为“不靠谱”。网上有当年马云到处向人宣扬他的“中国黄页”的视频，那个模样是何其地“不靠谱”！

“打得赢就打，打不赢就走”，用时间换空间，保存有生力量，活下去就有机会。创业初期，就要做好这种准备。创业者要不停地犯错、不停地修正，他们在不断地为主业寻找足够的现金流。与此同时，身边的人不停地嘲笑、挖苦、讽刺……这些都强烈地撼动着创业者的神经，也增强了创业者的抗打击能力，扩充着创业者的胸怀。马云也是做了几年“中国黄页”之后，发现真的“不靠谱”，才从北京回到杭州做了阿里巴巴。

很多刚开始创业的人给其他人的感觉就是很“飘”，今天卖手机，明天做电商，一阵子不见又开始做日用品批发……对初创者来说，这种“不靠谱”的状态，也许才是最靠谱的。不要怕被人嘲笑“目光短浅”“急功近利”，也不要怕被人指责“主业不明”，对于创业者来说，在不违法的情况下，“让公司先赚钱活下去”是天经地义的事情。

案例：很多成功的企业家，在他们创业的初始阶段，往往都没那么“高大上”。要知道柳传志创业做联想也是从做国外电脑代理开始的，但最后一步步做大反过来收购了IBM的PC业务。无独有偶，马云创业早期做翻译社补贴电子商务，刘强东创业做京东商城的底气来自做硬件代理的经历，都不是什么“高大上”的出身。华为已经如此成功，但是任正非说华为的目标永远都是“活下去”，这是非常有道理的。

“相濡以沫，莫若相忘于江湖”，如果你的创业团队做得苦兮兮的又看不到前景，调整方向、趁早重组也许对大家都好。

1.5 改变世界不重要，活下去才重要

饭要一口一口地吃，路要一步一步地走，我们不认为“改变世界”就是创业的好理由。如果实力不足而又抱着“改变世界”的想法去创业，到最后很可能是自己给自己挖的坑，含着泪都要跳下去。

如果你的梦想是改变世界，那么“争取加入一个能够改变世界的公司”和“自己成立一家公司来改变世界”都是可选项，千万不要以为只有一种选择才能实现梦想。

案例：阿里巴巴“让天下没有难做的生意”，通过搭建电商平台，改变了整个国家的贸易和产业结构，解决了数百万人的工作问题；华为“丰富人们的沟通与生活”，其设备已经服务了全球数十亿的人口，让广大亚、非、拉国家和很多不发达地区都用上了先进而廉价的通信网络，帮助当地百姓享受网络带来的信息，脱离贫困。在这样的企业和平台上工作，同样可以让个人的价值放大很多倍，每一天的工作都是在改变世界。

世界上有些事情就是这么诡异，就像有人点评《红楼梦》一样：**凡真心相爱的最后都散了，凡是凑合过日子的最后都圆满了。**我们选择创业项目，一定要从实际出发，不能憧憬“我要改变世界，然后自然有人会为你的情怀投资”，而是要“一开始就有现金流活下去，然后再找机会做大做强，说不定能有机会改变世界”，连最被人说是情怀教主的罗永浩，在知道自己的手机加工厂会倒闭后，发的微博也是“我们爱我们的倒霉工作，也爱这千疮百孔的世界”，真的会有一种打碎牙和血吞的痛。

说句很“直”的话，大部分创业者不要想着改变世界，先要改变自己。一旦开始创业，你会发现你很难改变世界，但是世界却很容易改变你！

1.6 创业是一种心态，而非一种状态

不要认为只要注册了自己的公司，自己当了老板就是创业，在企业工作就不是创业。即使你在企业工作，如果你能把老板的事业当自己的事业来做，你终究会成就自己的事业；如果你认为“反正这是老板的事，我拿一份工资干一份活而已”，那么你很可能终生一无所成，而且还会活得很累。华为智能手机老大余承东，就是在华为内部从0到1，五年时间把智能手机做成了华为的核心业务，让华为直接改变了公司定位，这何曾不是一种了不起的内部创业？这种难度一点也不比在外面创业简单。

不是每个人都适合“做老板”，也不是每个人都适合现在就“做老板”，我们并不号召大家去注册公司“做老板”。对绝大多数人而言，与其盲目追求“做老板” 的排场，不如扎扎实实地做好手头的事情。此外作为一个职场人来说，学一些创业的思维对于职业发展也是有很大帮助的。

首先，学会站在创业者的角度思考问题，对拓宽自己的职业道路非常有帮助。你会在职场中获得很多“外来”的信息和资源，具备其他同事没有的视野，提升自己的职业品牌，当然就能获得更多的晋升机会。

其次，你的老板很可能是有过创业经历的人，只要你理解了创业思维，就会更容易地理解老板的想法和行为。当你有过创业的经历，或者有了创业的思维，你就会明白，老板所做的每一件事情都有他的道理。很多刚毕业的大学生，或者只有大公司工作经历的人，喜欢给企业老板提“合理化建议”。而当你有了创业的思维，了解了现实的无奈、体谅了老板的苦衷，你才会知道——所有看似“不合理”的情况，往往都有其合理的地方。

最后，一个人现在不想创业，不代表未来也不想创业。提前学习和了解创业思维，会让你有意识地在工作中积累今后创业需要的经历、人脉等资源。**你将来创业的第一笔业务、第一个客户，很有可能是来自你过去的雇主、客户或者朋友。**

“老板思维”是什么样的思维？“老板思维”其实就是“多管闲事”，绝不能够局限于本职工作的思维。职业经理人习惯性地先明确自己的责任和利益，并以此提炼KPI考核要素并定期进行考核，每个人各自负责一摊事，根据考核来获得奖励和晋升，这是天经地义的事情。而“老板思维”就是需要站在更宏观的层面上考虑问题，技术、市场、财务、人事、宏观政策、微观管理、客户关系层面、企业投融资等都需要通盘考虑，缺一不可。难怪有人说从副总经理到总经理之间的距离是一条巨大的鸿沟，就像电影演员从黄金配角到最佳主角，有很多人一辈子也跨不过去。

从另一个方面来说，你无时无刻不在创业，每个人都是自己的主角。“人生没有彩排，天天都是现场直播”，你所做的每一件事情，说过的每一句话，都是在打造你自己的品牌，其实就是在为自己“创业”。

这个“业”不仅是“事业”，也是“业力”。很多创业成功的人，他们今天的成就源自于若干年前的某个“不起眼”的事情，或者某次无心插柳的拜访。比如俞敏洪之所以能够说服同学从美国回来跟他一起创业，居然是因为他在读书的时候给同宿舍同学打了四年开水！

机会永远都会有，但只会留给有准备的人，不要等到马上要创业了，才想到去找机会、找资源，也不要等到马上要创业了才想到去经营人脉。日常的工作和生活都是给创业打基础，当你决定创业、成立公司的时候，你所需要的资源应该已经基本完善。

1.7 创业虽苦，但不要苦大仇深

创业苦不苦？创业当然苦！创业比打工辛苦得多。但是这种苦心甘情愿，是一种积极主动的苦，而不是被逼无奈，所以不要苦大仇深地对待创业。就像生儿育女一样，虽然很辛苦，但是这是你自己做的选择，不值得你到处说。

中国传统文化中有一种“苦”文化，动辄说“头悬梁、锥刺股”“苦心人、天不负”“学海无涯苦作舟”，如果创业是这种心态，那就不要创业了。用足球赛来比喻，创业的“苦”是德国足球的那种横冲直撞、酣畅淋漓的“苦”，而不是被别人压着打、疲于奔命、气喘吁吁的苦。虽然德国人每次踢完球跑动距离都比别人要长，足球踢得更卖命，但是他们的内心是开放的，是痛快的，结果往往都还不错，即使输了，也无怨无悔。

所以，“苦大仇深”的人不适合创业，这种人有“弱者”的心态，在创业团队中会不知不觉散发“负能量”——虽然他的初衷可能是好的。**创业是要有点“匪气”和“赌性”的，不能太过理智，而我国的传统教育恰恰忽视了“气场”的培养。**

创业其实就是一个“愿赌服输”的过程，既然选择了这条路就必须心无旁骛、奋力向前，叫苦叫累没有一点意义。就像当裁判鸣哨开球以后，你只需要奋力拼搏用尽一切办法去赢球，越怕输球反而越容易输。

从另一个方面来说，如果你的老板/合伙人的人格是“怨妇型”，那么请你尽快地离开。作为一个老板，就算输了也要打碎牙和血吞下去，积极解决问题，抱怨没有任何作用，只会让员工失去对老板、对企业的信心。企业中的每个人都有权利抱怨，唯独老板不行，这也是“老板性格”。

1.8 要有目标，但不能纠结于目标

有人说成功就是“设定一个目标，并且通过持续不断的努力达成这个目标”，事实真的是这样吗?

大航海家哥伦布的目的是“从地球的另一边抵达印度”，而不是发现新大陆，而且他到死都认为自己到达的是印度，虽然最后哥伦布名利双收，但他算是成功者吗?

张骞出使西域的目的是找到并联合大月氏来共同对付匈奴，而等他找到大月氏的时候，大月氏早就不想与匈奴为敌了。张骞出使西域的基本目的并没有达到，但是却开发出了延续千年的丝绸之路，那张骞算是成功者吗?

如果用“设定目标并达成目标”来考核哥伦布和张骞，他们恐怕都算是失败者。创业的过程就像是哥伦布在大海里漂、张骞在沙漠里跋涉。“目标在哪里？手段是什么？”恐怕都是个未知数，甚至连自己都难以说服自己，只是觉得希望就在前方。即使这样，创业者也要表现出一副热血沸腾的样子给员工看，也是给自己看。

难怪有人说“成功是个副产品”。提倡“向××榜样学习”，很容易犯

“刻舟求剑”的错误。因为此时此刻，并非彼时彼刻，时过境迁，很多东西不能照搬照抄。有些文章介绍创业者，经常“只秀小偷吃肉，不秀小偷挨打”——讲述那些成功者后来多么厉害，或者有意渲染“小偷挨打”的经历，让别人感觉成功的不易。但太多的创业案例都有意无意地隐瞒了创业者成功的关键条件，如果拿这些创业成功者经验作为自己的创业指南、创业宝典，那样只会南辕北辙，距离目标越来越远。

对于很多普通人来说，牛顿的那句名言道出了成功创业的关键：“我之所以看得比别人更远，是因为我站在巨人的肩膀上。”很多人并没有真正理解这句话，这句话其实包括三个层面的含义：

1. 你要用自己的慧眼找到合适自己的巨人（寻找机会）；

2. 用一切方法爬到巨人的肩膀上（抓住机会）；

3. 站在巨人的肩膀上，而非躺在巨人的肩膀上（在享受机会的时候，要继续努力）。

中国古话说：“人各有命，富贵在天。”你不得不承认“×二代们”有其先天的优势，他们的巨人也许就是父母、长辈，他们从小耳濡目染学会了很多做人做事的方法和技巧，身边有着普通人没有的“资源”。但是这个社会也很公平，尤其是在今天，在互联网所主导的新兴产业中，传统行业经验所发挥的作用有限，行政干预的影响也非常小，“富二代”和“官二代”所拥有的资源优势并不像在其他行业那么明显，所以很多充满梦想和行动力的“屌丝”们集中在互联网行业创业也是很有道理的。

创业者不是被培养出来的，而是在实战中摸爬滚打一点一滴地积累而成的。创业的基因也许有遗传和家庭的影响，也有机缘巧合甚至被逼无奈等因素。我们觉得**“技术大牛+有梦想的×二代（资源型）”的创业团队**，是很值得投资的团队构成。

1.9 创业者千万别追求做一个“完人”

很多鸡汤类的文章都在分析创业者应该具备怎样的素质，如果按照这些文章的标准来看，几乎没有人是合格的创业者。

有些人喜欢塑造一种“完美型”的人格，认为成功者都是完人，但实际上很多成功的人都有性格或者能力上的缺陷。我们认为“接受一个不完美的自己”比“追求完美”更有意义。因为只有接受了自己的不完美，才会有胸怀去找与自己互补的合作者。从心理学上来讲，“严于律己”的人，很难“宽以待人”。与其去追求做一个“完美的自己”，不如打造一个“由一群不完美的人所组成的能产生价值的团队”。

因此，与其要求一个创业者必须是一个怎样的人，不如分析创业之前需要做好哪些准备。值得注意的是，等完善所有要求，也可能会失去创业激情，小心“万事俱备的时候，就是机会错过的时候”。

有很多成功学之类的书籍，动辄就说“成大事者的N个习惯”“成功者的N种性格”等，辅之以所谓的“情商”“逆商”“财商”“×商”等概念，大诉其道。这些书还真能把一部分人给吓住，觉得自己距离那些“牛人”实在太远，于是不敢尝试创业。

这个世界从来就没有规定哪种人一定会成功，或者哪种人一定不会成功。无论是开朗还是内向、无论是急性子还是慢性子、无论是偏执狂还是善于处理人际关系的高手，他们都有成功的可能，这些人中也不乏各种创业成功案例。

看看足球场边的那些教练——弗格森是个暴脾气、温格是个绅士、穆里尼奥是个狂人、里皮以淡定著称，可是他们个个都是成功的超级教练，同样的现象也出现在那些成功的创业者身上。无论是国外的比尔·盖茨、乔布斯，还是国内的马云、马化腾、李彦宏，他们的性格完全不同，但是都是非常厉害的创业者，都能带领企业走向巨大的成功。

德鲁克的《卓有成效的管理者》中，也有这么一段精彩的描述，可以给大家借鉴：

“在我认识和共事过的许多有效的管理者中，有性格外向的，也有令人敬而远之的。有超然世外的、卓尔不群的，也有遇人羞答答的。有的固执独断，有的因循附和。有的很胖，有的则很瘦。有的生性爽朗，有的则总是心怀忧虑。有的能豪饮，有的却滴酒不沾。有的待人亲切如家人，有的却严峻而冷若冰霜。也有的少数生就一副令人一望而知其为“领导者”的体形，也有的其貌不扬，显得毫无吸引力。有的具有学者风度，有的却像是目不识丁。有的具有广泛的兴趣；有的除了自身的狭窄圈子外，其他一概不懂。还有些人虽不是自私，却始终以自己为中心；而有的却落落大方，心智开放。有人专心致力于他的本职工作，心无旁骛；也有人其志趣全在事业以外，做社会工作、跑教堂、研究中国诗词、演唱流行歌曲。在我认识的那些有效的管理者中，有人能够运用逻辑和分析；有人却主要是靠他们本身的经验和直觉。有人能轻而易举地决策；有人却每次都一再苦想，饱受痛苦。换言之，有效的管理者，他们之间的差别，就像医生、教师和小提琴家一样各有不同类型。因此，有效的管理者与不称职的管理者，在类型、性格及才智方面，很难加以区别。”

我们相信任何人都有可能创业成功，前提是他能够经过严格的训练，遇到合适的土壤，并发挥出自己的特长。

案例：本书作者秋叶老师在决心进入在线教育领域创业之前，如果没有15年的教学、讲座、内训、分享积累，如果没有他在PPT领域七年如一日的坚持积累的口碑，如果没有赶上在线教育的流行趋势，如果没有遇到一群给力的小伙伴，仅仅靠他个人的能力，就算他再能干，他还会有创业成功的可能吗？

1.10　融资和上市只是手段，不是目的

创业当然需要融资，能够实现最终上市当然是很好的结果，但是创业决不能以融资或者上市为目的。

很多“创业导师”或者“天使”喜欢挂在嘴边的话就是“×××的项目又融了2000万”“××的公司上市了”。其实这种信息跟“×××中了五百万”一样对你没什么太大价值，而且融资和上市未见得就一定是好事。

我们认为的好项目，就是可以自己养活自己并合理成长的项目，跟天使和投资人是否喜欢没什么关系。有些朋友（尤其是年轻的创业者）和天使打交道之后，就变得心浮气躁，盲目寻找那些“有数百倍”的成长空间的项目，而对于那些发生在身边的需求视而不见，这就是舍本逐末了。

天使投资人虽然致力于寻找有“数百倍”成长空间的项目，但是很容易“看走眼”，他们也不知道什么项目是好的项目，当年马云在美国为了融到“区区200万美金”，连续被硅谷30多家风投公司拒绝。最近的一个例子就是雷军的小米公司，在创业初期，所有的老牌风投和投资人都拒绝投资他的企业。

从另外一方面来说，**并不是所有项目都适合找投资，也不是所有的企业都**

适合上市。比如俞敏洪认为他最后悔的事情就是新东方的上市，就像“娶了个把控不住的女人”。教育行业讲究的是“十年树木，百年树人”，而上市之后则要求他们每年的效益必须增长20%~30%，必须开××家分店，上市的要求和教育的本质发生了背离。

很多企业不上市，却一样受人尊重，随便列一些大家都知道的企业清单：华为、娃哈哈、顺丰、老干妈、立白、方太……

所以，创业绝不能以是否能融资/上市作为成功的标准，也绝不能以“投资人是否喜欢”为唯一标准。唯有保持这样的心态，你才能更理智地和天使投资人打交道。作为真正的投资人，他们并不喜欢和那些天天赶场子要钱的创业者打交道，创业者还是要把精力放到项目中，“创业者要在意你的用户投给你的小钱，而不是投资人拍胸脯承诺给你的大钱”。

在现在的社会，想见到几个“投资人”甚至“大佬投资人”也不是什么难事，在大学校园和周边就有很多的投资融资会。不过越是这样，越要潜心做好产品。我身边有很多创业做得比较成功的朋友，对于资本都有理性的认识，他们认为很多事情要靠“机缘”，强求不得，你把业务做好了，钱也就自己来了。

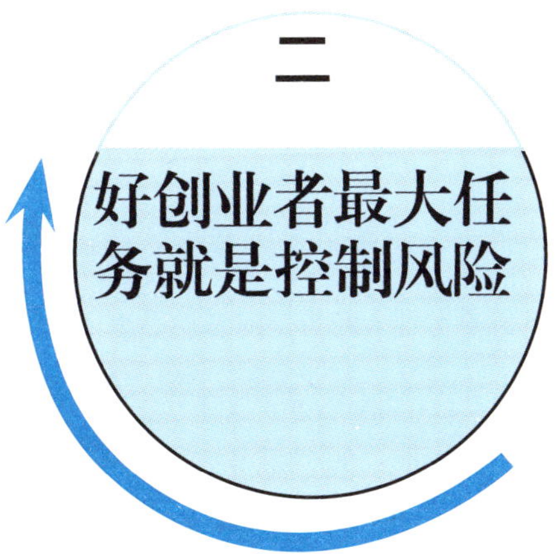

二 好创业者最大任务就是控制风险

创业者根本不缺激情，也不缺实干。他们往往会经过夜以继日的工作、锲而不舍的努力给自己和团队“挖了一个大坑”。对于创业者来说，控制风险的能力恐怕比埋头苦干更重要。

2.1 创业第一要务就是“不上当”

无论创业听起来多么美好，但是我们认为创业的第一要务就是“不上当”。但不上别人的当，容易；不上自己的当，难！

很多人评判起别人的项目来，头头是道，可是一旦评估自己的项目，则错漏百出。几乎所有的创业者都有“自我催眠”的能力，他们需要激励团队，需要让别人相信这个项目，首先就要让自己“必须相信”，这一点本无可厚非。但是不能忽视常识，创业不能和普遍规律作对，最好“顺势而为”。本书会介绍项目评估的方法，目的就是“不上当”，少走弯路。

一般来说，好的项目往往清晰明了，可以迅速做出评估；而“不靠谱”的项目则显得神神秘秘、云遮雾罩。比如有的人从国际形势讲到国内形势，各种中英文夹杂的名词应用自如，然后就是聊前几天跟谁谁吃饭说了什么、跟谁谁开会聊了什么，时不时冒出几个耳熟能详的名字……讲了大半天都没弄明白他到底是做什么的。这样的人，这样的项目，多半不靠谱。

一个靠谱的人的项目/产品，1~2分钟就能讲清市场定位，5分钟之内就会告诉你如何赚钱和分钱（盈利模式），如果还能提供项目文档（比如《商业计划书》和PPT等）就更好。凡是你听了10分钟依旧听不懂的项目，要么是项目本身或者创业者不靠谱，要么是你不适合参与这个项目。

我们建议如果你遇到创业项目，可以参考以下对策，既能够节省时间也能减少“上当受骗”的概率：

1. 对于能提供比较优质的《商业计划书》的项目重点关注，给出建议，持续跟踪；

2. 对于没有《商业计划书》，但是操作简单风险可控的“一锤子买卖”的项目，进行快速判断与决策，找资源对接，未尝不可；

3. 对于讲故事超过5分钟又没有《商业计划书》的项目，建议回去准备《商业计划书》之后再来交流；

4. 对于《商业计划书》写得数据残缺、逻辑混乱的人，建议回去安心上班。

一般而言，一个花了大量时间和精力做市场调研、风险评估并给出《商业计划书》的人已经没有心思去“骗”了，他已经真的相信自己的判断，想把事情做好，这个时候再沟通项目运作当然就水到渠成了。

2.2 小心那些打着创业名头的骗局!

一般来说容易让人上当的项目分为两大类，而且破解起来都不难。

（一）短期暴富类

如果你缺乏创业经验，很可能对那种宣传短期内有高额回报的项目有兴趣。这类项目是个骗局的可能性很大。

现在银行的存贷款利率和民间金融信贷的年化率都不难查到，比民间金融信贷年化率还高的回报率的项目你就得慎重。你能想象你的项目比放高利贷还挣得多吗？你得问清楚他们的盈利模式到底是什么，如果是让你拼命发展下线的模式，很可能就是传销了。

虽然微商中有很多不错的产品，但是微信这种熟人圈社交模式的确很容易被传销利用。凡是需要你一次性买很多货并且靠通过下线拿返点的项目就跟传销很相像了。

商业经验是好的项目和产品都是完成一单再做下一单，不会那么迫不及待地把大量的单子甩给你。

如果突然冒出一个不知名的品牌，而且在其他地方（比如淘宝、京东以及线下商场里面）查不到关于这个品牌商品的任何信息，那这个品牌就有欺诈嫌疑。

这种情况很像旅游购物团模式：把你拉到一个很偏僻的实体店，把门关上让你选购商品。在这种情况下你根本无法进行商品价格和质量的比较，导购怎么说你都没法判断真假，而且推荐的往往是玉石、工艺品、当地特产等价格和规格都无法标准化的商品，你当然只能任人宰割了。

破解方法：尽量不要做无法做比较的单一信息来源的项目，无论看起来多么容易挣钱！

（二）宏伟愿景类

如果你具备一定的专业知识，则可能会上另一种当——宏伟愿景类。而且尤其是那种半桶水的“专家”。

现在有很多“宏伟愿景”类的项目，项目名称都很“高大上”。比如“智慧城市”“智慧交通”“智慧能源”“智慧××”，言必称“通过整合云计算、互联网等先进技术”，结合现有的业务模式来实现“大数据运营”等。

这类项目需要调用的资源或者专业技术非一般创业者能接触到。这种项目的最终采购方和出资方还是政府，政府会去找运营商、银行以及大型企业（华为、中兴、腾讯、阿里等）进行平台搭建，走的是非常正规的投标流程，对项目参与者有很强的资质要求，留给普通创业者的机会极小。

破解方法：不要只看项目的愿景如何宏伟，要弄清资金来源。如果不知道这个项目谁出钱、怎样出、走哪些流程以及创业者是否“搞得定”……那这个项目跟这个创业者没多大关系。

像现在很多大学生的创业项目是“智能家居”系统，这就是一个非常消耗资源的项目，像小米、美的、海尔、格力这样的企业都没有拿下智能家居市场，为什么一个大学生创业者的智能家居平台项目反而有生存空间？像这种跟热点的创业项目之所以成立，更多的可能还是在依靠政府的创业补贴。

2.3 最好的商业模式就是“做买卖”

“商业模式”是现在最时髦的词汇之一，也可能是最流行的“思维陷阱”。很多创业小伙伴喜欢开各种“头脑风暴会”来探讨项目的“商业模式”，而且开了无数的会，讨论了各种情况，就是没有一个清晰可执行的结果，这恐怕是创业者已误入歧途了。

很多创业者太过于享受“头脑风暴”的过程，而完全忽视了最重要的事情是赶快赚钱！

很多成功的创业者，根本就没有在“商业模式”的问题上过于折磨自己。最靠谱的商业模式就是做买卖，或者要把商业模式简化为“买卖”二字。

是的，好的项目归根结底就是两个字：买卖。不管是什么平台，高科技、新概念，你就抓住核心的几点：产品是什么？什么人会买？什么人会卖？怎么收钱？听不懂的就不靠谱。

自从有了互联网、移动互联网，自从有人玩出了“羊毛出在狗身上，猪埋单”的案例之后，很多创业者趋之若鹜。这种运作模式的项目，需要有极其强大的资金和优势资源做后盾，对普通创业者来说真是可遇不可求。

所以普通创业者根本就不应该考虑这类“大手笔”的项目，而是赶紧将项目收敛到“怎样做买卖赚钱”上面才是硬道理！

乐视公司号称打造视频产业、内容产业和智能终端的“平台+内容+终端+应用”完整生态系统，每一项业务都是要先烧钱圈地，再挖掘现金流客户，问题是人家还能投资20亿入股北京国安，你听贾跃亭的故事之前，总得先想想人家的资源整合背景吧？

常识告诉我们：天上不会掉馅饼，没有人会把只赚不赔的项目分给你做，他既然找你合作一定是具备了以下三个前提：

1.他已经做好了一些关于这个项目的准备；

2.在某些关键要素上面他还有所欠缺（比如技术、产品、渠道、人才、资金、社会关系等），需要得到你的帮助，而且在一定范围内只有你才能帮助他；

3.这种帮助一定是有偿的（现金/股票）。

凡是听起来不需要你出力就能赚大钱的项目，你就要小心！——比如遍地开花的众筹咖啡馆，绝大部分好咖啡馆根本不需要你的钱就能盈利，要你来众筹的咖啡馆基本上是离开股东众筹之后很难维持生存的。

因此评估一个项目的商业模式可行性非常简单，无非就是用“买卖”思维搞清楚三个问题：

1.对方能做什么？

2.需要你做什么？

3.钱怎么赚？怎么分？

从另一方面来说，没有做过买卖的团队称不上好团队。因为评估团队成员的价值观不能靠表决心，而要看他们在“买卖”过程中所表现出来的状态。只有用“钱”洗礼过的团队才是真正有战斗力的团队。

有很多团队（尤其是技术型的）平常总是不屑于做买卖，总是认为“把产品做好就行了”，而出去跟别人谈买卖、跑市场、处处求人是“低人一等”。等到他们跟投资人谈企业估值、投融资方案和签订协议的时候，才突然傻了眼：一群完全不懂商务谈判的人上了谈判桌，要么漫天要价，要么任人宰割，完全进退失据。因此，只有养成做“买卖”的习惯，然后才能在谈企业级的合作时有足够的筹码和手段。

此外，如果创业团队在日常经营中真的赚到了钱，那么这个钱该怎么分？多少用于公司日常运营？多少用于研发？多少用于销售提成？这些也是考验企业治理水平和价值观的地方。

案例：华为公司明确要求每年的研发投入不低于上年销售总收入的10%，而且无论市场如何变化都一直坚持这个“铁律”（国内科技公司一般的比例是3%~5%，国际公司也很少超过8%）。2014年，华为以3442件的申请数超过了美国的高通公司、日本的松下公司等传统专利大户，成为当年全球申请专利最多的公司。华为在研发上的投入和专利申请上的努力，已经能够和西方科技巨头在关键技术上“掰手腕”，也同时为本公司建立了一个越来越厚实的“防火墙”。华为公司全员上下十几万员工都非常认可企业这种在研发和专利上持续不断的巨大投入，形成了非常统一的价值观，所以企业战斗力相当强悍。

秋叶老师的创业团队采取业绩打赏制度，小伙伴一旦做出超出常规的业绩，马上依据贡献在团队内部打赏现金红包。红包金额从100元到10000元不等。马上打赏红包的机制会更加激发创业团队初始成员的积极性，这种模式在大公司很难实行，这也是创业团队比大公司更灵活的原因之一。

2.4　怎么大风越狠，我心越慌！

大家都知道“创业项目要符合大势所趋”，创业大佬雷军也说“只要找到风口，猪都能飞起来”。但是我们要说，如果没有学会飞翔，被吹得越高就会摔得越惨。而更现实的情况是：哪里有风口，哪里就是大坑！

那些烧钱无数、害人不浅的风口，几乎每一个都符合“大势所趋”。比如“人口老龄化”，但是养老产业是一个投入/产出比极不合理的无底洞。比如大家都知道“互联网”是抹平教育鸿沟的重要工具，可是“在线教育”烧钱无数也没见到几个能盈利的项目。再比如可穿戴设备，看起来都很酷很美，可是连谷歌都栽在了谷歌眼镜上，更何况普通创业者？自从小米把手环的价格“打到底线”之后，几乎没有了普通创业者的生存空间。现在手机APP产业已经不止“大势所趋”，而是滚滚洪流，可是通过开发APP盈利的公司能有几个呢？包括微信和QQ在内，你每天打开的APP数量能超过8个吗？还有体育产业、医疗产业、高性能电池、电动汽车、服装定制、现代农业、工业4.0……这些都是符合“大势所趋”的“风口”，但是都不是没有经验的普通创业者所能涉及的行业，除非——你的运气足够好！

和“风口论”相对应的，我们宁愿相信另一句话：“领先一步是先进，领先三步是先烈。”因此，创业不能够去等风口，更不能“赌”风口。**好的创业项目就是那种“不要风口”也能飞起来的项目，**哪怕飞得慢一点，飞得低一点，只要能持续向上飞，就会越飞越高，而且在飞的过程中还能锻炼自己，逐步完善，等遇到风口就能一飞冲天。如果你现在所能承受的高度是500米，风口把你吹到10000米，一旦风口过去，你就会跌下来，那样恐怕会更惨。

所以提出“风口论”的雷军后来又说：“要成为风口上的那头猪，必不可少的是10000小时的练习，夯实基本功。”看来，做一头赶上风口的猪也没那么容易。

2.5 创业者要少混圈子，多泡用户

现在每个地方、每个行业都会经常主办创业论坛，各类圈子——“创业路演会”“创业红酒会”“创业论坛会”等遍地开花。名人、名媛、名嘴高光亮相，主题演讲、现场PK、导师点评好不热闹。参与其中含金量很高的活动，的确能提高个人见识、结交朋友、所得颇丰。但是如果一个创业者把精力放在大量参加这样的“圈子”聚会里，只怕会在饭局里迷失，忘记了创业者应该把更多精力和用户放在一起。

现在很多没有资源的人做“资源整合”，没有资本的人做“资本运作”，没有人脉的人做“圈子平台”。其实资源只有“交换”才能产生价值，如果你自己没有值得与他人交换的资源，凭什么整合别人的资源呢？

“资源”和“信息”是两回事，很多人把“信息”当作资源来看待。你认识谁，跟谁吃过饭，和谁聊过天，与这个人是不是你的资源完全是两码事。对于创业者来说，你所接触到的绝大多数人都只是“信息”而已：比如某人有原厂的某个设备、某人控制了某个市场渠道、某人手头有很多资金需要寻找出路等。你能否将这些“信息”转化为“资源”，取决于你能提供何种资源/信息来

与之交换，而且具有（至少短期内的）“不可替代性”。

我们之所以不提倡大学生创业的一个很重要的原因就是，他们的资源和资源交换能力太弱了，远远不是几个“创业导师”就能够HOLD住的。打工可以训练你运作资源的能力，比如企业内部资源、外部资源，行业的内部资源、外部资源等。很多在企业打工后出来创业的人，之所以能够成功是因为他们已经积累了大量的资源，足够他们和其他人进行资源交换。从这点来说，打工的时候尽量地向管理和销售岗位上转型，对于将来创业还是很有好处的。

我们认为好的创业者在创业之前，应该落实60%的资源、圈子、资金等，也就是完成个人准备。如果等开始创业才开始去准备，恐怕已经晚了。

作为创业者来说，需要跟各类人等打交道，但是不能让自己迷失在各种圈子之中。有的朋友一年到头也难得联系一次，但是只要有需求必定帮忙；有的“朋友”天天在一起胡吃海喝，关键时候都跑得没影。所谓自己的资源，就是不怎么费心也能维持好的资源。无论是什么人，都还是愿意跟有品质、有能力、有口碑的人交朋友，所以提升自己才是整合资源的前提。

实际上混圈子也有混圈子的规则，总体而言就是两条：

1.对等原则：你有什么样的体量和能力，才能和对等的人交往，实力不足就不要过度曝光，最好老老实实把实力做强。

2.交换原则：信息和资源只有“交换”才能产生价值，你能提供什么样的信息/资源就能得到基本等价的信息/资源。如果你手头什么东西都没有，纯粹抱着“学习”的态度去混圈子，很可能一无所获，就是在浪费自己和大家的时间。

如何判断一个聚会/圈子的质量及个人定位呢？在职场上有一句话“小事开大会、大事开小会、重大的事情不开会、特别重大的事情一个人说了算”。一个总是开大会很少开小会的人，往往不会是企业的管理层和决策层。其实圈子也是这样：越是很多人参加的会议，越是很难产生短期效果，最多是互相递张名片，混个脸熟。真正好的、有价值的聚会，往往人数不会太多，也许一张桌子就能坐下，大家是做深入探讨而非泛泛而谈。

很多擅长演讲的“大师”只做大型宣讲，很少做小范围交流，这样的“大师”很可能是“伪大师”。越是大型交流越好控场，就越容易做成“团结的大会、胜利的大会”。只有小范围的交流才会涉及创业和企业运营管理的细节，有深度思考和交流，考验大师的实战含金量。任何“包装”也抵抗不了那种深入的、近距离的交流。

我们不得不提醒创业者，在创业初期，如果把80%的精力放在打磨产品、接触用户、搞定现金流客户，把20%的精力放在各种资源应酬，才会形成一个好的现象。真正值得创业者去拥抱的是用户，是产品，是市场，而不是圈子、人脉和大佬指路。

2.6 好商业创意是很难被偷的!

现在各种创业路演、创业大赛、投资会很多，的确有些创业者发现，今天自己分享的“创意”，明天就发现被别人“偷取”和复制了。但我认为凡是能被人偷走的东西，都不是你的核心竞争力，凡是你能偷来的东西，也不是什么好创意。

比如同一套PPT、同一套方案，不同的人讲出来的效果完全不同，因为他们的见识、阅历、价值观、思考和表达方式千差万别。

对于企业培训行业来说，“教案”是培训老师的饭碗。必须防止泄露，但也有培训老师说，他的教案即使被人拷贝了也讲不了，因为他的职业经历极为丰富，也有多年的个人创业的经验，他的教案是自己多年工作经验的总结，是“纯干货”，没有相同或者相似背景的人，很难讲好他的教案，很容易破绽百出、底气不足。

无论是面对投资人还是面对市场客户，在我们开始讲述项目的时候，就有被“窃取创意”的可能，但是如果不对人讲述项目内容，项目就没有办法推广出去。

所以我们一定要把自己的核心竞争力考虑清楚，这个核心竞争力不是“你能有什么”，而是“你有什么别人没有的能力”。后面我们在谈《商业计划书》的撰写技巧的时候，会着重强调这点。

另外，创意可能被偷走，但是“执行力”是偷不走的。你要相信这点：偷来的创意很难得到高效的执行，毕竟“来得太容易”。而如果真是你觉得很棒的创意，你会用一切手段去执行。举个不恰当的比喻：养自己亲生的孩子和养“偷来”的孩子，倾注的心血和感觉总会有所不同。

当然，创业者最好的选择还是努力做实自己的核心竞争力，并设置好防火墙，做到“不战而屈人之兵”，让人望而却步。你的核心竞争力不应该只体现在某一点，而应该是一整套的体系上，必须要有“复合型核心竞争力”。单独的点比较容易被复制，而一整套的体系就很难。如果建立了技术+产品+渠道+品牌的优势，加上强大的执行力，别人复制你的可能性微乎其微。

即使暂时无法建立像苹果、三星、奔驰等企业一样的“复合型竞争力”，但是对于创业者来说，如果已经把技术变成产品，加上有几个市场案例，那你已经走在95%的创业者的前面了。如果你只是一个idea，那就很容易被“偷”去，只有做成产品并开始应用，有自己的业绩数据，就能体会到“行胜于言”的优势所在。

2.7　好项目不见得就适合自己

“好项目”并不少，但是“适合自己的好项目”就很难得。“好项目”和“好的创业者”都不缺，但是两者正好能匹配的就很少了。有些人还没弄清“我是谁”就开始创业，而这是绝大多数风险的“祸根”所在。比如对马云来说有的项目是很好的机会，而对其他人来说就是陷阱。我见过太多的“创业者”，他们滔滔不绝地讲着他们的项目，我也相信那个的确是好项目，但是那并不说明适合他们来操作。榜样的“副作用”是无穷的，看成功案例看多了的人，他们的“胸怀”和“眼光”就会变得很厉害，甚至到了“马云、乔布斯灵魂附体”的程度，但是如果自己的实力和匹配的资源还没到，这样会“眼高手低”，丧失眼前的机会。

很多创业者都认为“idea”是很值钱的东西，他们真以为喊一声“我有一个idea”就会有人过来砸钱。其实idea值钱与否取决于你是谁。马云说他想做“菜鸟”，立刻就有一堆人投资，换作普通人，哪怕构思比“菜鸟”更宏伟、更精彩，也难以得到这么多的支持。

我们要思考这个问题：凭什么我会赚钱？——发现一个好点子不要激动，

先想想和你一样想到这个点子的999个人为什么没有成功?

中国的聪明人实在太多，你能想到的点子，可能别人也想到了。每个人都有创业的基因，但是最关键的一点是要**发挥自己的优势**，而不是一味地去天马行空地想idea。

2.8 投资人不见得就是天使!

现在创业的氛围越来越好，也有很多非常成功的创业者/企业家转型成创业导师或者天使投资人，他们的确是真心为创业者服务，为社会贡献自己的光和热。但是也有一些人打着“创业导师”和“天使投资人”的名义行走江湖，误人误己。

这个世界上真骗子不多，假骗子不少。所谓真骗子，就是真心来忽悠你的（钱、时间、资源），甚至骗了你的方案他们自己做；所谓假骗子，是他们自己也没想清楚是什么，自己先把自己忽悠了，然后忽悠你来“创业”和“合作”。团队的主要合伙人经常会面临各种“局”和“诱惑”，所以必须要统一思想、稳扎稳打才能保证创业的成功。那么我们必须要反问各类“投资人”的问题，其中一个就是——

“您曾经投过什么项目？”

没有成功投资项目的经验、对曾经投资的项目支支吾吾、顾左右而言他的“投资人”，多半不靠谱。创业者和投资人之间是合作伙伴的关系，相互坦诚和信任是合作的基础。所以，天使投资人资金的来源、投资的偏好、曾经投资的项目、过去项目的运作情况，都必须了解。与此同时，不仅要了解他投资成功的项目，更要了解他投资失败的项目。

有些“投资人”的资金来源于炒房地产、采矿、拆迁所得款等渠道（暴发户）。他们动辄就将你的高科技项目与房地产/高利贷的收益进行比较，并且有着极强的“控制欲”，这样的投资人就很可能不是一个好的合作者。还是要找对相关行业比较了解的投资人，并且一定要搞清楚他们的资金来源，还要了解过去在相关行业的成功案例。

三

打造硬实力：创业者的六项修炼

虽然我们认为创业没有必要做完人，但是有些素质还是需要修炼的。有些能力是必须在创业之前就具备的，有些则是一边创业一边学会的；有的技能可以快速学习，有些则是需要长期的积淀；有的是个人需要具备的素质，有的是团队中必须有人具备的能力。很多能力需要创业者在创业之前（甚至是从学校期间）就着手培养，需要在长期的工作和生活中训练和积累。

3.1 把时间用到最重要的事情上

创业是一个非常艰巨的工程，创业者的身体素质和心理健康是一切工作的基础。

创业当然免不了长时间地工作、加班熬夜、很少有周末和节假日……但是这只能是一种在业务走上正轨之前的情况，而不能是长期的工作常态。

当你发现无论怎么努力都跟不上节奏的时候，很有可能是你的方向或者方法错了，而不是还不够努力。

只有能把复杂的事情简单化的人才是有智慧的人，当你发现事情越做越复杂越来越忙不完的时候，就需要踩一次刹车，先停下来反思自己的业务结构。

一个时间管理的高手，会把工作分成“重要又紧急”“重要不紧急”“紧急不重要”和“不紧急也不重要”四种，再把工作分成“必须自己完成的”和“可以让别人完成的”两类。在日常工作中注意培养自己的“助手”，随时可以把非关键性的任务分配出去。如此一来，人们才能够将时间和精力分配到关键的位置上，做深度思考和重大决策。

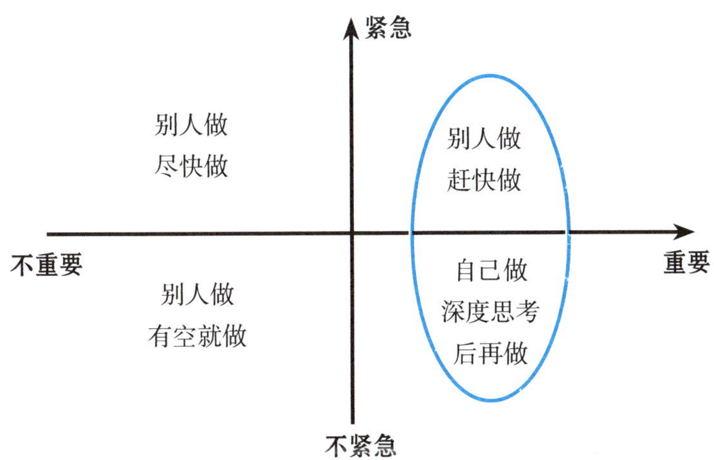

应该学会将精力花在“重要”的事情上，而非“紧急”的事情上。如果你总是感到“重要且紧急”的事情非常多，而且必须自己完成，那很可能是时间管理上出了问题：至少你没有把关键问题分解出来，并且没有找到/培养出能分担压力的人。

优秀的公司很少决策，只做重大决策，而平庸的公司天天都在决策。

——彼得·德鲁克

本书的作者秋叶老师进行在线教育创业时，第一年把注意力集中在课程开发上，顺便培养一批小伙伴参与课程开发，等发现里面有优秀的小伙伴后，第二年他就把课程开发工作逐步转移给团队，自己专注做产品的市场推广，开始培养小伙伴承接他的课程培训和图书写作能力。第三年他开始把内训课程和教材写作转移给小伙伴负责，自己开始专注渠道建设。通过一年年的团队培养和团队能力转移，秋叶老师把自己的工作能力复制给团队小伙伴，小伙伴得到了成长，公司业绩也快速提升，秋叶老师也就可以慢慢把精力越来越聚焦在战略发展方向思考和关键资源商务沟通上，公司不但顺利度过了两年创业生存期，也带出了一支有战斗力的团队。

3.2　要学会讲故事

“秀才遇到兵，有理说不清”，但是在创业者中，“说服不了兵的秀才不是好的创业者”。同样一个项目，对兵有兵的讲法，对将有将的讲法。

在创业项目的操作中，要有针对性的精准的表达方式，不仅通俗易懂，而且让人印象深刻，方便传播。

像秋叶老师做大学生职场在线教育课程，如果对明白的投资人讲，也许没有问题，但是对于大学生来说要理解职场，单凭在线教育就有些困难，如果介绍秋叶老师的团队是在网易云课堂上教大学生用很短的时间、很低的学费就能做出漂亮的PPT，很多大学生就会更容易接受。不过在媒体报道中，他们的模式是讲故事，故事的标题是《90后把PPT卖给市委书记》，所以，不同的表达带来的传播效果是完全不同的。

这就需要在日常工作与生活中的细心观察、积累与实践，通过自己的再加工才能表达得清晰明了。作为企业的领导者，一定要确保企业上下全体员工能够准确无误地明白企业高层战略，统一思想认识。

很多知名企业家都是文字和语言表达的高手，比如到处流传的“马云语录”“俞敏洪语录”等。任正非更是用一篇篇文章抒发自己在企业发展方向和管理上的心得，他的影响力早就超出了华为公司。像《华为的冬天》这样的巅峰之作，哪怕十几年后的今天读起来都是句句精彩，难怪包括联想在内的很多企业也组织员工学习写心得。

案例：有些创业者喜欢分享一些网上流传的文章给企业员工学习，但是我们认为最好的方式还是原创。老板不一定要有多高的写作能力，但现在能写出走心文章以及会讲故事的创业者，更容易赢得员工的心。

此外在工作中，让全体员工确切地明白老板的真实意图，并形成共识也是非常重要的。

有的创业者习惯“四平八稳”的表达方式，说话讲究滴水不漏，甚至喜欢让员工“猜”自己的真实意图，后果往往让员工无所适从。特别是在90后员工眼里这样的领导缺乏个人魅力、不愿意承担责任，对于企业执行力与战斗力的形成非常不利。老板就是员工眼里的旗帜，旗帜在哪里，方向就在哪里。在创业规模不大的时候创业者的语言表达不要模棱两可，越是清晰简洁越好。

3.3 培养对数字的敏感性

《亮剑》中，李云龙最让我印象深刻的话就是“老子才不做这赔本的买卖”，这句话虽然简单，可是却道出了经商和打仗的精髓。李云龙是经过艺术加工的形象，而林彪对于数字的敏感性带来的战争胜利则是真实的案例。

1948年辽沈战役开始之后，在东北野战军前线指挥所里面，每天深夜都要进行例常的“每日军情汇报”：由值班参谋读出下属各个纵队、师、团用电台报告的当日战况和缴获情况。

那几乎是重复着千篇一律的枯燥无味的数据：每支部队歼敌多少、俘虏多少，缴获的火炮、车辆多少、枪支、物资多少……

司令员林彪的要求很细，俘虏要分清军官和士兵，缴获的枪支要统计出机枪、长枪、短枪，击毁和缴获尚能使用的汽车，也要分出大小和类别。

经过一天紧张的战斗指挥工作，人们都非常疲劳。整个作战室里面估计只有定下这个规矩的司令员林彪本人，还有那个读电报的倒霉参谋在用心留意。

1948年10月14日，东北野战军以迅雷不及掩耳之势，仅用了30小时就攻克了对手原以为可以长期坚守的锦州并全歼了守敌十余万，之后不顾疲劳，挥师北上与从沈阳出援的敌精锐廖耀湘兵团二十余万在辽西相遇，一时间形成了混战。战局瞬息万变，谁胜谁负实难预料。

在大战紧急中，林彪无论有多忙，仍然坚持每晚必做的“功课”。一天深夜，值班参谋正在读着下面某师上报的其下属部队的战报。说他们下面的部队碰到了一个不大的遭遇战，歼敌部分、其余逃走。与其他之前所读的战报看上去并无明显异样，值班参谋就这样读着读着，林彪突然叫了一声“停”！他的眼里闪出了光芒，问：“刚才念的在胡家窝棚那个战斗的缴获，你们听到了吗？”

大家带着睡意的脸上出现了茫然，因为如此战斗每天都有几十起，不都是差不多一模一样的枯燥数字吗？林彪扫视一周，见无人回答，便接连问了三句：

“为什么那里缴获的短枪与长枪的比例比其他战斗略高？”

“为什么那里缴获和击毁的小车与大车的比例比其他战斗略高？”

“为什么在那里俘虏和击毙的军官与士兵的比例比其他战斗略高？”

人们还没有来得及思索，等不及的林彪司令员大步走向挂满军用地图的墙壁，指着地图上的那个点说：“我猜想，不，我断定敌人的指挥所就在这里!”

随后林彪口授命令，追击从胡家窝棚逃走的那部分敌人，并坚决把他们打掉。各部队要采取分割包围的办法，把失去指挥中枢后会变得混乱的几十万敌军切成小块，逐一歼灭。司令员的命令随着无线电波发向了参战的各部队……

而此时的廖耀湘，正庆幸自己刚刚从偶然的一场遭遇战中安全脱身并与自己的另外一支部队会合。他来不及休息就急于指令各部队尽快调整部署，为下一阶段做准备。可是好景不长，紧追而来的解放军迅速把他的新指挥部团团围住，拼命攻击，漫山遍野的解放军战士中，不断有人喊着：“矮胖子，白净脸，金丝眼镜湖南腔，不要放走廖耀湘!”

把对方指挥官的细节特征琢磨到如此细微，并变成如此威力巨大的顺口溜，穿着满身油渍伙夫服装的廖耀湘只好从俘虏群中站出来，无奈地说："我是廖耀湘。"沮丧地举手投降。

廖耀湘对自己精心隐蔽的精悍野战司令部那么快就被发现、打掉，觉得实在不可思议，认为那是一个偶然事件，输得不甘心。当他得知林彪是如何得出判断之后，这位出身黄埔军校并留学法国著名的圣西尔军校，参加过滇缅战役，在那里把日本鬼子揍得满地乱爬的新六军军长说："我服了，败在他手下，不丢人。"

取得这场重要战役胜利的一个关键因素，居然出于获胜方的统帅夜半时分，对一份普通遭遇战之后的战报的数据分析，来源于他"从红军带兵时起，身上有个小本子，上面记载着每次战斗的缴获、歼敌数量"的优良军事素养。

数据的积累、数据的挖掘，分析、归纳、整理，是一支优秀团队所必须具备的基本素养，没有它，你永远是匹夫之勇。

数学成绩和数字敏感性不是一回事情，有些奥数的课程和题目甚至扼杀了对数字的敏感性。对数字的敏感性，表现在迅速将日常生活和工作中的很多事情用数字化进行归纳和表达，往小了说是生意人的本能，往大了说这是大数据产业的基础。数字敏感性表现在擅长把生活周边事物用数字进行描述和表达，**没有对生活的观察和热爱就没有数学敏感性。**

有些企业的面试题，倒是对"数字的敏感性"做出了良好的示范，以下就是那些比较有意思的面试题，大家日常都可以多做类似的思考和推理：

1.美国有多少个加油站？（微软）

2.佛罗里达有多少个高尔夫球场？（IBM）

3.纽约共有多少个路灯？（摩根大通）

4.估算美国棒球队的塑料袋的用量。（贝恩公司）

5.纽约时代广场的星巴克每年能带来多少收入？（摩根斯坦利）

广润老师身边有些长期创业的朋友，哪怕在街边吃碗热干面的时间，都在琢磨这个热干面馆一个月的流水和利润会有多少，需要投资多少，多久能收回成本等。也许他们学历不高，但是这种“随时随地用数字来算账”的习惯已经是他们的本能，这也是每一个创业者都要学会的思维方式。

虽然企业的类型很多，但是无论是什么样的企业类型，有一个基本的管理思想是很有效的——SMART原则。**SMART原则是“绩效管理”中的核心思想，但是其作用却不止于做“绩效”**。我们现在评估一个企业/创业团队是否有战斗力，只需要旁听他们团队开会或者做一次简单的沟通——有发展前景的企业，无论规模大小，其内部沟通方式都是符合SMART原则的，而且会深入到企业中每一个人的骨髓里面去。

绩效管理中的“SMART”原则不仅有利于进行绩效的管理，也有利于引导每一个员工和企业整体的提升。具体而言：

S即specific，代表具体的，指绩效考核要切中特定的工作指标，不能笼统；

解读：“要提升客户满意度”是比较笼统的，而必须要“将客户投诉率从上季度的5%降低到3%以下，将客户点赞率从60%提升到70%以上”则是比较具体的。

M即measurable，代表可度量的，指绩效指标是数量化或者行为化的，验证这些绩效指标的数据或者信息是可以获得的；

解读：“控制企业成本”是比较笼统的，而必须细化到“将融资成本从7%降低到6%，将某个特定的元器件采购成本在去年基础上再降低15%”等，这样的数据可以随时获得并进行比对。

A即attainable，代表可实现的，指绩效指标在付出努力的情况下可以实现，避免设立过高或过低的目标；

解读：比如让中国男足必须“获得世界杯冠军”，这明显是不合理的。而

“打入世界杯预选赛亚洲区决赛圈”及“打入世界杯决赛圈”是比较合理的。

R即relevant，代表相关性，指实现此目标与其他目标的关联情况；

解读：企业中的每一个部门的设定都必须符合企业战略，每一个员工的工作也必须与他的工作定位相关。比如销售员的考核与沟通就是与销售及回款相关；对研发的考核与沟通就是和产品研发进度相关；对会计的考核与沟通就是与公司财务相关等。

T即time based，代表有时限，注重完成绩效指标的特定期限。

解读：创业做企业就像打仗，打仗的时候经常会有这样的命令——“8月19日20点前完成所有部队集合”“明天早上7点前必须拿下三号山头”等，时间、任务清晰可辨。创业企业也要有这样的沟通方式，比如：1个月内用户量到20万，3个月内到100万，6个月到500万。

如果企业内部沟通采用符合SMART原则的方式，往往对数据更敏感，业务流程更简洁高效，富有战斗力。如果该企业的内部沟通方式是“定性的多，定量的少”，大家讲话普遍留有余地，虽然该企业表面上一团和气，内里恐怕已经是危机四伏。

有前景的企业、有魄力的领导人极少说“大家要努力工作”之类的话，他说的都是“明年的销售额比今年要增长20%、利润增长25%，市场占有率从今年的45%提升到55%。至少有3个新产品投入使用，进入5个空白市场”等明确的目标要求。企业领导人就是所有这些目标的第一责任人，他的考核、奖惩与这些目标直接挂钩，这应该是天经地义的事情！

顺便剧透一下秋叶老师创业团队每天晚上的最后一件事，就是全体团队小伙伴核对一下今天每门课程的销量，对手课程的销量，发现异常数据马上分析原因，及时调整自己的运营策略，这就是集中培养大家对数字的敏感性。

3.4 守规矩，讲道理

创业者个人必须要有很强的逻辑思维能力来说服和引领团队前进。很多情况下，公司创始人的直觉是打下市场的关键。但是作为创业团队管理则要学会共同遵守一套议事规则，否则团队内部总是依赖创始人的权威执行任务，会“成也萧何，败也萧何”。

不过我们从小到大开过无数的会，但是真正掌握开会技巧的人却并不多。怎样对问题进行分析，怎样进行讨论，怎样进行表决，这是一整套“议事规则”，我们推荐创业者花一点时间研究一下全球通行的“罗伯特议事规则”。罗伯特议事规则的“基本心法”其实很简单，一旦掌握之后无论是搞定“婆媳关系”还是进行董事会讨论与决议都有莫大的帮助。

《罗伯特议事规则》中的发言规则（简明版）

1.主持人中立，不参与讨论；要讨论先委托他人主持，直到动议结束。

解读：我们开会经常是“老板”做主持人/会议主席，而下属都在“揣摩”老板的想法而不敢轻易发言，这样会导致信息沟通不畅而且延误战机。在“议事规则”中，主持人/会议主席必须保持中立，他的任务就是保证会议流程的顺畅性而不能参与讨论和带有倾向性。就像裁判只能确保球赛的顺利进行而不能主导谁获胜一样。当然，如果主持人想参与某个议题的讨论，他就得暂时交出主持权。

2.发言先举手，对主持人说“主持人，我要发言”，获邀请后再发言。

解读：要发言先举手，这倒是我们从小就知道的事情，只是长大后逐渐忘掉了，但这是非常重要且合理的习惯。

3.每次限时一分钟，每人每议题限两次（时间、次数可协商调整）。

解读：每个人发言的语速语调都不一样，有的人比较“泼辣”，有的人比较“儒雅”，当这两种人辩论的时候，“泼辣”的一方往往在“气势上”占便宜，而“儒雅”的一方会吃亏，尽管可能思考得更深入。因此有必要对每个人的发言时长和发言次数做出明确规定，保证每一个人有足够的表达个人思想的机会。无论你多么正确或者无理，你的发言时长和次数是固定的，到时间就要把话筒交出去。

4.先说立场：赞成、反对、修改等，正反立场应轮流发言。

解读：大家的时间都有限，为了保证讨论的持续高效，你只有和上一位发言人所持立场相反才能够发言，而且发言之前就要先表明立场（用举手/举牌等方式），便于主持人点名发言。在这样的制度下，“一言堂”是不可能的，更不会开成所谓的“团结的大会、胜利的大会”。

5.面向主持人发言，不互相讨论。

解读：在港剧中经常出现法庭辩论的场景，控辩双方都是面对法官发言而不能直接PK，这是非常有道理的。我们在日常会议中，经常会出现的情况是两种：要么是主席台开大会，下面的人开小会，有话不明说；要么就是无视主席台的存在而吵成一锅粥。所有人都面对主持人轮流发言是保证不出现上述情况的合理方法。

6.不打岔、不跑题、不超时、不攻击、不扣帽子、不质疑动机。

解读：虽然我们经常听到“就事论事”“对事不对人”的说法，但是我们经常犯“对人不对事”和“质疑对方动机”的错误。最典型的就是“贴标签”和“阴谋论”。

“他想做这个修路的工程，是因为他的小舅子是包工头”“你提出这个想法是因为你是独生子女，不知道生活的艰难”“你们90后真是垮掉的一代”……如果我们在讨论事情的时候，不根据事情本身的合理性进行分析，而是去攻击对方有“不可告人”的目的，以及用“世人皆醉我独醒”的口吻评价对方，最后的结果一定是事情没讨论清楚还结了一堆的仇家。

7.对无视劝阻、执意插话等违规行为，须记录在会议纪要中。

解读：必须的！

《罗伯特议事规则》虽然是为了议会中的讨论而设定，但是在合伙人和董事会的讨论中也完全用得到。公司的章程中设定了股东投票的机制以及谁拥有最终的“一票否决权”。我们认为在讨论问题的时候利用议事规则充分讨论，让各方面的意见充分展现，在最终决策的时候还是依靠公司章程规定的权利来完成。

在华为工作的时候，针对某项目我们开了一次市场项目分析会，大家都几乎一致认为这个项目我们的竞争对手是A公司。我向领导汇报的时候，领导认为“没有反对意见的会议等于没开”，召集我们晚上连夜开了第二次分析会。会上领导利用“议事规则”引导我们进行充分的讨论甚至争吵，逐步发现了很多的疑点和问题，结果是将主要对手定为B公司，而A公司作为第二竞争对手，并因此作为我们的投标策略。正因为这次连夜召开的会议，让我们取得了非常重要的市场突破。现在回想起来，当年我作为一个经验不足的“菜鸟”，每个月都能参加几次这样的讨论会并且有结果进行验证，成长可谓是突飞猛进。

3.5 用柔软的身段去争取利益

中国的传统文化中，是很轻视商业和商人的。中国的教育体系中，对市场和销售也没有足够的重视。在很多人的潜意识中，“销售”是一群干不了技术活的人才会做的工作，销售至少不能算一个“脑力劳动”。

但实际上，销售这个岗位，几乎能和创业“无缝对接”。很多纯技术型、研发型创业团队所面临的困惑，对于销售出身的人来说“根本就不算个事儿”。难怪有人说，没有做过销售的人生是不完美的。

“商人商人，就是商量着做人”，对于经商的人来说，除了违背底线的事情，没什么是不可以商量的，他们随时做好了讨价还价的准备。一个优秀的销售员/商人，他们的脑袋似乎总是比常人更“多一个维度”，他们很少处于“进退两难”的境地，因为他们随时有“其他的”方法来解决问题。产品、价格、商务、付款方式、合作模式、融资、资源对接……他们手上总有非常多的牌可以打，总能让自己的企业处于不败之地。要达到这种境界，得有非常多的实践经验和自我修炼。

销售是企业中和社会接触最频繁的岗位，销售可谓“识遍人间百态”。销售必须要和人打交道，必须要有谈判、有妥协、有讨价还价，也有委曲求全。向用户推介产品的时候，都要用到这些技巧，如果等到创业了再来学习，恐怕为时已晚。很多创业者根本没有销售经验，没有经历过最基础的商业谈判，就直接和投资人接触，去谈股权分配，甚至签订对赌协议，其风险可想而知。

再比如谈判技巧，只有真正上过谈判桌的人才会有感觉，从备受煎熬到应付自如再到控制全场，需要很多次的磨炼。谈判有时候并不是一定在会议室，也许在吃饭、坐车、闲聊或者打高尔夫的时候就谈好了。如果要参加一次谈判，至少得要有如下的准备：

1. 派谁去谈？董事长、总经理等公司高层何时应该出面？

2. 最高目标是什么？中等目标是什么？底线目标是什么（低于底线宁愿放弃）？

3. 谈判中谁唱红脸？谁唱黑脸（可以临时安排顾问来唱黑脸，关键时候靠他背黑锅）？

4 .在对方压价的时候，有哪些“牌”可以打？包括但不限于付款方式（提高首付比例）、免费服务年限（从2年降为1年）、邀请参观样板点、老设备免费升级/搬迁、赠送高级工程师培训名额等。这些牌怎么打？由谁打？且战且退还得偶尔一个回马枪？退得太快会让客户觉得你还有降价空间，退得太慢则影响签单。

没有销售经验和人才的“创业团队”，成功概率极低。最起码，当团队遇到困难的时候，销售人才可以通过一些贸易和商业手段带来一些现金流，保证团队的存活。当年马云、俞敏洪在遇到资金困难的时候，都是通过倒卖小商品的方式获得现金流，保证团队能活下去。

企业是走“贸工技”还是“技工贸”争论了很多年，**对于绝大部分创业者来说，应该毫不犹豫地走贸工技的道路。**要知道哪怕现在是以核心技术见长的华为，当年也是靠贸易才得以生存，然后才有机会找到技术道路。

现在中国的制造业越来越高端化，“中国制造”越来越有自己的品牌。我们国家的领导人经常带着重型机械、高速铁路、石油化工、电子商务、通信设备等厂商的高层一同出访，我们的国家主席和国务院总理俨然成为“中国制造”的最佳推销员。看来懂“销售”不仅能够创业，也能做好国家领导人。

3.6 要做有大局观的帅才

创业者的背景千差万别，他们很可能是某个领域的专家。有做技术出身的、财务出身的、销售出身的，等等。他们创业的勇气和底气来自于对本专业的精通，他们在创业的过程中往往带有原来专业的思维模式，而这一点有可能会带来困扰。在工作中一定要培养自己的跨部门沟通能力，这样对于创业来说是帮助很大的。

很多职场精英会站在本岗位的角度来思考问题。比如技术专家认为："我们的产品技术这么先进，销售随便做都能签大单。"销售主管则认为："公司就是靠我们销售团队在外面打单养活，我们才是前线，公司其他部门都是后方。"市场部门则认为："要不是我们市场和品牌宣传做得好，你们销售根本没办法跟客户建立联系。"财务总监则认为："我们今年又帮公司减少了××万的成本，员工年终奖发得多就靠我们了。"生产主管则说："要不是我们的产品质量把关做得好，物料和供应链成本控制得严，公司运营根本就是无源之水。"售后部门的主管则说："得了吧！要不是我们售后的兄弟们在外面起早贪黑地帮你们'擦屁股'，天天装孙子被客户骂，大家都得玩完！"

如果创业者的工作经历比较单一，会容易有上述偏颇的看法。在一些大企业中员工会有轮岗制度，员工和高管都可以在几个不同的部门间进行轮岗，实现企业与个人的综合发展。比如华为规定“技术专家如果想要走向战略岗位，必须要有几年的市场一线经验”以及“没有海外一线工作经验的人不得重用”，这也很有道理。

我们曾经见过一个企业的创始人，他是做财务高管出身，用财务管理的那套方法来管理公司各个部门，包括销售部门。后果是企业的销售员来一批走一批，企业发展一直不见起色，而老板还认为自己“管理非常规范，找不到合适的人才”。

我们也经常遇到一些技术的大牛（的确是响当当）创业，聊技术和产品都很棒，但是聊到将来的市场推广和营销策略则说：“我们的产品很好的，市场销路不是问题。”一般遇到这样的“大牛创业者”，合作基本上就很难进行下去。因为他们只关注自己的事情，甚至是故意只关注自己的事情，而对于自己专业之外的事情和他人的努力视而不见。

不仅仅要有业务板块的大局观，还得有创业团队生命周期的大局观。创业团队在不同阶段都会遇到的问题就是管理问题，尤其是当事业有所起色，已经融到资金，正需要大发展的时候，管理上的短板就会暴露出来，而且管理几乎没有现成的答案。虽然现在外面有很多讲大公司管理经验方面的书，但是很多都是“知其然，不知其所以然”，大企业的每一项制度的形成都有其特定的背景和原因，很多东西只有当事人才清楚。

外面有很多关于华为、联想、阿里巴巴、腾讯等公司管理变革方面的书，这些书对于开阔眼界是非常有用的，但是对于创业者的实际操作则往往作用不大。每一个大公司都有一次甚至几次转型，每次转型都是一次“破茧成蝶”的过程。**创业者需要的不仅仅是描述“现在这只蝴蝶多么漂亮”，他们更需要了**

解“破茧成蝶”的过程和关键点在哪里。尤其是企业还是“茧”的时候如何生存和发展，有机会熬到“成蝶”的那一天。这些“内幕”，除非是亲身参与过那个企业变革的主导者愿意分享，外人极少能写出当中的关键点。

我们经常讲“理论要与实际相结合，要注意中国国情”。而华为当时强推“IPD”（Integrated Product Development 集成产品开发）的时候，恰恰是“让国情符合理论”。任正非反复强调要“削足适履”，凡是不适应IPD思维的人都应该离开领导岗位。IPD是一套比较特殊的体系，当时能玩转IPD的公司极少，IBM是其中之一，而IBM自己却并不是通信设备制造商。作为通信设备制造商的华为要拜IBM为师学IPD，当时很多人将信将疑，怪话连篇（比如“跟着篮球教练学游泳，不淹死才怪”等），IPD让华为的管理提升了一大截，唱赞歌的很多，却不知道刚刚开始推IPD的时候，曾经一度让客户和市场非常不满，甚至影响了客户关系——以往可以按照客户需求快速开发，“打个电话发个邮件就搞定”，现在不仅产品开发需要层层审批，而且发货时间也慢了不少。只有亲历者才会知道是如何“摆平”这些事的。

创业者一定要想清楚。管理5~10个人、20~50个人、100~200个人、500~1000个人的方式是有很大区别的，每个企业在发展的不同阶段都要对组织进行调整。生产型管理、销售型管理、研发技术型管理等企业模式也很不一样。有的产业是“大鱼吃小鱼”，必须做大做强才能生存；有的产业是“快鱼吃慢鱼”，必须船小好掉头。

很多技术工作者总想着做一辈子的技术，并不想做到多高的职位，因为这样“很单纯”。实际上在工作中，越是想“单纯”的人做事情就越是难成功，而且越做越复杂。只有你懂一点大局观，学会协调各方面的资源来为你服务，做事就越简单。

四

选择创业项目常犯的错误

德鲁克说：“先要保证做正确的事情，然后才是把事情做正确。”对于创业者来说，尤是如此！很多人做自我创业评估的时候，最大的风险不是找不到答案，而是找不到合适的问题，他们不知道应该从哪些方面来评估项目。

那么创业之前到底需要创业者做哪些准备呢？如何防止“准备过度”？哪些是创业前必须做好准备的？哪些是可以边干边完善的？此时此刻我到底是否具备创业的条件与实力？怎样评估一个创业项目的可行性？

这就是本章想为创业者回答的问题。

4.1 不自量力，孤军奋战做蛋糕

所谓“做蛋糕”，就是指创造一个全新的品类市场。与之相对的是“切蛋糕”，指从现有的市场及用户心中进行挖掘，从现有的市场细分中找到机会。比如在过去，“饮料”和“药品”的界限很清晰，商家要么是“食品企业”，要么是“制药企业”，属于完全不同的两个市场。而随着王老吉、加多宝、红牛、脉动等饮料的逐渐走红，“功能饮料”的市场逐渐做大并且深入人心。这类饮料既有普通饮料的特征，又有一定的“人体保健”功能，但又不是传统意义上的“药”。这种新增一个产品品类市场的方式就是在做蛋糕。如下图所示：

至于“切蛋糕”类的项目，就是指做老百姓心中都默认的产品品类。比如当

普洱茶市场很旺的时候，做某个品牌的普洱茶的经销；当红酒、葡萄酒市场逐渐成熟的时候，就去做某个红酒、葡萄酒市场的国内代理等。你并不是去创造某一个品类，而是从成熟的市场中切一块来做。

虽然“切蛋糕”听起来不那么高大上，但是选择“做蛋糕”的项目对于普通创业者来说实在是风险太大。

我们不是反对“做蛋糕”，“做蛋糕”也许可以避免和现有市场发生直接冲突，但是“做蛋糕”所投入的资源远比“切蛋糕”要多，普通的创业公司很难撑到盈利的那一天。而且“做蛋糕”往往不能只靠一家企业，而是需要有好几家企业一起来努力。比如王老吉和加多宝之间的竞争和对抗在各种媒体上不停曝光的同时，也让“凉茶”这个市场越来越大，现在加多宝在国内的销售额已经超过了可口可乐。如果市场上只有你们一家在做这个品类的产品，这样的项目就很危险！有几个足够体量的竞争对手互相PK，看起来竞争很激烈，实际上通过各种宣传手段可以将这个市场越做越大，对大家都有好处。

那些创业英雄都是“做蛋糕”的高手，但是作为我们普通创业者来说，还是“切蛋糕”来得更靠谱。培育市场、教育用户、挑战传统习惯之类的项目，就交给那些“巨头”去做吧，我们要做的事情就是尽快赚到钱。事实上国内的很多成功企业，刚开始也都是从切蛋糕开始，等到发展壮大之后才开始做蛋糕的。很多创业者，喜欢“教育”用户、“教育”消费者，想凭一己之力推动整个行业，最终总是失望，这些就是所谓“心比天高，命比纸薄”的悲剧创业者吧……

不光是企业如此，国家也是如此。虽然现在很多人认为中国企业的“原创性”发明不多，但世界上现在能够进行“原创”的国家和企业本来就不多，世界上绝大多数国家和企业，连山寨也未见得做得好。我们现在能够做好山寨，甚至在局部能够“逆袭”原创者，这已经非常了不起了。落后国家先通过经销优质产品获得盈利，逐步进行工业替代，然后才是技术研发和创新，这的确是一条走得通的路。当年的日本经济腾飞，韩国经济转型前都经过了先代销后仿制再创新这样的一个阶段。

4.2 好为人师，教育客户忘盈利

前面提到，“做蛋糕”类型的项目有一个特点，就是要不停地“教育”客户，不断地向客户灌输“我们的产品是多么好”的想法，和客户的交流往往停留在“产品技术的解释”上面，而没办法直接到成交的环节，交易的路径很长。而好的创业项目是无须解释的项目，因为你直接利用了人的意识、潜意识。创业要选择“不用解释别人也知道你是做什么”的项目，要将宣传放在你和对手的差异上。

很多创业者喜欢反复跟人解释“我在做什么”，生怕别人听不懂，以能把事情讲清楚了为“骄傲”。其实这不是创业者做的事。这就好比恋爱中的小伙子对姑娘说“听我解释”，这时往往就是关系最微妙的时候。如果小伙子经常要解释，那么这关系肯定长不了。

当你发现你需要不停地去解释你的项目，那么你很可能犯了三种错误：

1. 没有选对适合的项目。

2. 没有找到适合的客户群。

3. 对客户的痛点理解不深。

“好为人师”往往会发生在有某项专业技能的创业者身上。笔者曾经在某次创业大会上见过一位美国海归的医学专家，她有非常好的利用基因来评估人体癌症发病概率和提供治疗的方案，而且这套方案在北美已经成功地应用。在10分钟的项目介绍中，她不停地用PPT展示各项科研成果报告，各种图形和报表被排列得密密麻麻。但是她并没有讲清楚什么样的人最需要他们的方案，与国内现有的方案相比他们的优势在哪里，方案在国内落地还需要经过哪些流程等。她自己也知道讲得很急促也很憋屈，而听的人也并没有被打动。她把一个本来“无须解释”的“刚需型”项目操作成了一个需要不断解释和教育客户的项目，这和他们在过去学习和工作中养成的技术思维习惯有关。

创业者除了熟知专业知识之外，还要在日常生活中不断地观察和积累案例。与其不断地“解释项目”和“教育客户”，不如讲两个小故事让听众感同身受，得到共鸣，争取让每一个观众都成为你的项目和故事的传播者。

4.3 资源匮乏，盲目跟风做平台

也许是受到各种新型商业模式的影响，现在的众多创业者动辄就要“做平台”。平台不是不能做，但并不是任何人都适合做平台，不是任何产业、任何项目都适合做平台。

对绝大多数创业者来说，做一个具体的产品，比做一个平台靠谱得多。做产品你可以在很多现成的平台上形成“买卖”关系，盈利模式清晰；做平台尤其是打着“免费”名义的平台，最终很可能会在“免费”和“盈利”时机之间产生摇摆，现金流一断马上就是平台崩盘。

普通人创业所能拥有的资金量比较小，要做马上能产生现金流的事情，除非你能融到“烧不完”的钱，否则不要做平台。**尽管现在新的融资方式层出不穷，但是效果好的极少，真正能融到资的更少。**做平台，一方面意味着投入大量的时间和精力，另一方面也要整合各方面的资源，包括产品、技术、商业、政策面、资金等。只有那些有着诸多资源积累的人才能够搭好一个平台。

实际上，现在有的创业者是既不会做产品又不懂做商业，但又想实现所谓的“创业梦想”，所以去“做平台”，因为这样容易回避他只能谈概念不能实操的弱点。也有人打着“做平台”的名义去“空手套白狼”，一边忽悠技术创业者的核心技术，一边忽悠投资人的现金，这些需要创业者和投资人警惕。

做“好”平台关键是看操作人，假如你有丰富的电商从业经验和行业资源，自己搭建一个垂直电商平台也是蛮不错的选择（找钢网、找塑料网）。如果你自己有几次成功的投资经验和不错的行业口碑，那么你也可以做一个孵化器微平台（比如××咖啡），不仅能通过项目运作养活平台，还能结识五湖四海的朋友。

判断一个人是否是真的适合做平台的方法也很简单：就是**看他过去的工作经历，尤其是和现有的平台相关的经历。**看他是否有比较成功的经验，在圈子里是否有不错的口碑，是否有好的合作伙伴资源等，那么他做平台成功的概率相对较高。

4.4 路径太长，盈利模式不性感

无论创业的梦想多么伟大、故事多么美好、平台多么强大、团队多么厉害，如果商业模式的盈利路径太长，这个项目的风险也会比较大。

有销售经验的人都知道，**“付款方式”是比“能赚多少钱”更重要的问题。**“现款现货”比“延期付款”的买卖划算，哪怕后者价格卖得更高。能够马上装进口袋的钱就一分钟都不能耽搁，这就是做生意的常识。就是指在“时间上”盈利模式不能太长。此外，盈利模式在空间上和资源上也不能太长。

案例：曾经接触过一个项目，该项目需要和非常多的部门打交道，包括银行、保险公司、物流公司、运输公司、运营商、货车司机等，需要把所有这些资源“串接”起来形成盈利链条，环环相扣，缺一不可，其难度可想而知！后来经过我们的重新策划，将这种“长链条”的大项目拆分成几个“短链条”的小项目，每个小项目都有自己短、平、快的盈利方式，企业的运作效率大大提升，而且立刻就有了现金流注入。

假设你有A、B、C、D四个资源，如果你是大企业，有足够强的控制力，你就可以把这四个资源整合在一起，形成行业综合解决方案，并成为行业标准，抬高行业进入门槛，如下图所示：

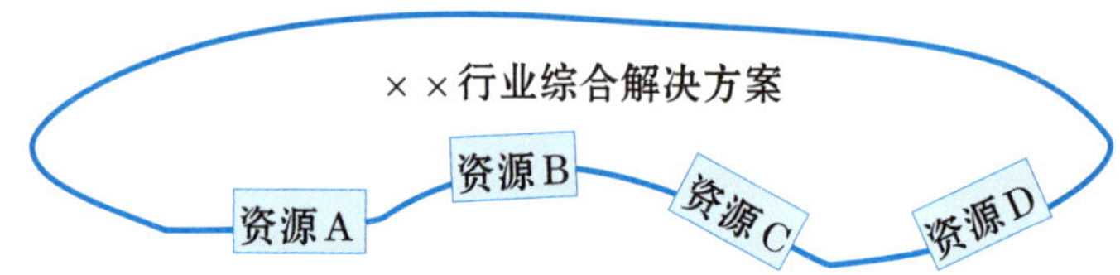

如果你还是有这四个资源，但是你是创业型的小企业，控制力度比较弱，那就得尝试将“长链条”变成短链条，将一个“大项目”变成几个小项目，如下图所示：

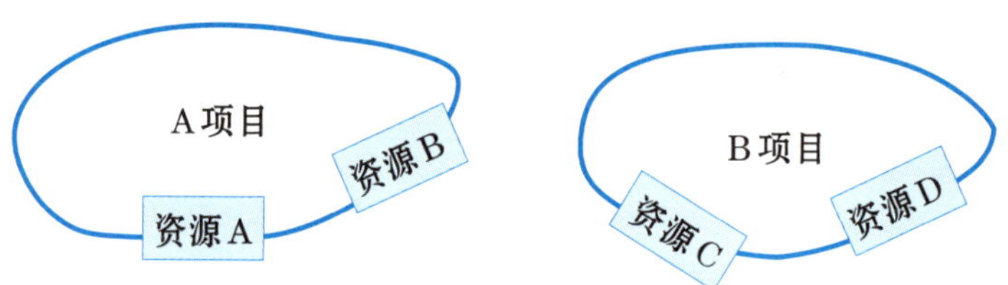

很多从大企业出来创业的朋友，讲究“高举高打”，动辄都是做“××行业解决方案”，结果方案倒是越来越漂亮，但执行却越来越难。越小的项目，就越容易找到人来执行，越大的项目，就越是难找到合适的人执行，尤其是对于创业公司而言。所以创业的项目一定要“性感”——短小精悍！

4.5　违背常识，为了创新而创新

很多人都听说过这句话：领先一步是先进，领先三步是先烈。创业者更要理解这句话的内涵。

一位有着多年创业经验的朋友曾经分享说，先要“看势”，然后“懂市”，最后才是“做事”。德鲁克说：“先要保证做正确的事情，然后才是把事情做正确。”不同的时代、不同的区域、不同的个人背景，有不同的“正确”的事。对于创业者来说，所谓“正确的事情”，就是符合大势所趋、针对市场所需的事情。

所谓看势，就是要看清大势所趋，看清社会发展的大方向，看清“钱在哪里”。大势的方向，就是机会和资金都会涌入的方向。一个最简单的道理：在钱多的地方才容易赚到钱。比如现在的智能硬件、移动互联网、基于大数据模式的电子商务、新的互联网金融模式等，这是我们时代的发展的大势，至少5~10年内都还处于上升期，因此将传统行业、传统工作与这些大势所趋的产业相结合，是不错的创业思路。

比如，中国社会的老龄化一定是大势所趋，那么围绕在养老经济上的创业项目必然有大量的机会。再比如，中国的人工成本增加是大势所趋，那么提高工作效率的工具，或者用机器取代人工（比如机器人、人工智能等）的项目也会有着很大的发展空间。

那些放风筝的人，凡是拿着风筝满场飞奔的，风筝是飞不起来的。而风筝放得高的人，多半都很轻松，而且风筝飞得越高人越轻松。为什么呢？

要放好风筝，必须满足三个条件：

1.会看风向，也就是看大势；

2.有足够长的线，也就是有足够的准备；

3.会抓时机，只要风一来，马上开始放线，在短时间内放得越高越好，只要飞到足够的高度，就很难掉下来了。

当地面的风停的时候，飞得低的风筝最先掉下来，而飞得高的风筝往往却没受多少影响。地面没风，但是高空的风很大，足够支撑那些飞得高的风筝继续飞。这点真是跟市场很像：金融危机来的时候，先倒掉的往往是弱小的企业。

所谓“懂市”，就是要懂市场所需、善于市场操作，知道怎样赚钱，知道怎样在潮起潮落之间进行合理操作。前面我们说“有过销售经验的人，创业更容易”，指的就是这个意思。因为他们在骨子里就在不停地做判断“赚钱、不赚钱、赚钱、不赚钱……”久而久之自然就有赚钱的直觉了。

要学钓鱼，就要拿着鱼竿鱼线去池塘边坐着，去体验鱼儿咬钩的感觉，而不是看别人钓；要想学会游泳，就得跳到水里面游，多喝几口水就能提高水性，而不是在岸上比画。

所谓“做事”，是指具体的执行力，指怎样用最简单的方式赚到最多的钱。创业需要艰苦奋斗，需要在困难的时候咬紧牙关坚持再坚持。但是我们不能为了吃苦而吃苦，绝不能因为身体上的劳累就放过自己的脑袋。当你长期都处于疲于奔命的状态的时候，一定是你没有用好自己的脑袋——没有把盈利模式想清楚，没有合理分配自己的时间和精力，没有找到合适的合作伙伴。

4.6 封闭市场，强势巨头盘中餐

在行业性、区域性的封闭型市场，如果有强势的巨头存在，创业者就不要去跟他们硬拼，基本上没什么利润可图。你可以尽量和这些巨头搞好关系，能合作就合作，如果没办法合作不如放弃这块市场，找寻新的目标市场。

所谓封闭型市场，就是有1~2个巨头占领了绝大多数市场份额，其他的企业合起来瓜分不到20%的市场份额的市场。石油、石化、电信运营商、电力、国有银行等以客户为目标的行业，比较容易形成封闭型的市场，新加入的企业门槛很高。除非你有极好的技术、极深的资源，以至于那些巨头们也不得不跟你合作，除此以外就不要介入这样的市场。

按照国家法律规定，进入这些行业市场往往需要“招标”。招标书上对于企业的资金、技术实力、项目经验、应用案例都有非常严格的要求，不满足任何一条就不会有入围资格，而这些要求不是一个刚创业的企业能够达到的。

虽然巨头会形成垄断，但是有些垄断也有一定道理。比如电信行业，如果你想进入这个行业，就必须符合行业的所有技术和产品规范，只有这样才能实现安全的互联互通、高效的网络维护。对于运营商来说，每多一个设备供应商就会多好几倍的工作量，也就提高了不少成本。比如全网都是A和B公司的设备，就只需要考虑他们二者互联互通的问题，如果再增加C公司的设备，就是三者的互联互通，工作量和风险成倍增加，成本也会增加。

在衣、食、住、行等传统行业很难形成封闭型市场。无论海底捞开了多少家分店，营业额有多么高，也不能妨碍你开一家烧烤店养家糊口。在一些新的行业也有巨头型的垄断，比如电子商务，阿里巴巴和京东已经占据了90%以上的成交额，所以与其再开一家类似的电商平台与它们竞争，不如利用它们的资源来合作，或者干脆在它们的平台上开店。

有的市场往往需要“站队”，和某个大企业绑定在一起共同进退，既有机会也充满风险。比如在很多区域，卖可口可乐的小店就不能卖百事可乐，卖加多宝的小店就不能卖王老吉等。

当然，即使是这样的市场也比“一家独大”的市场好，毕竟竞争还是带来了更多的市场活力，让小公司有了发展的空间。

4.7 跨行创业，降维攻击未必灵

很多人都有“跨行创业”的想法，这点来自于职业疲倦以及行业疲倦。虽然他们也知道跨行创业的风险非常大，不过现有的职业的确是让自己太“难受”了。很多人都认为自己既然能够在原有的行业取得成功，那么在新的行业一样不会差。尤其是原有的行业“维度”比想进入的“维度”更高的时候，可以比较轻松地进行“降维打击”。

所谓的“高维度”职业，比如通信、金融、互联网、电商等新兴行业；所谓的“低维度”行业主要是传统行业，比如农业、建筑、运输、服装等。从传统行业向新兴行业转型固然很难，而从新兴行业向传统行业转型，一样会面临很多问题。

案例：小王从小就是学校的“高才生”，名牌大学毕业之后进入一家知名通信企业做工程项目，经历过无数大小项目的考验，对于项目管理有着非常深厚的理解。到了35岁，正是年富力强的时候，个人财富也小有积累。经不住儿时玩伴的蛊惑，又正好赶上城市建设大发展，小王毅然辞职回到老家进行土建工程的创业。他心想：不就是现场管理吗，我能把那么多名牌大学的大学生管得服服帖帖，管理几个农民工肯定不在话下。

事实给了他深刻的教训，对职业经理人的管理方式与农民工的管理方式完全不同。对职业人讲究的是“流程”和“规范”，他们习惯于按照既定的流程按部就班地执行，需要隔段时间给他们答疑解惑，做职业规划等。而对于农民工的管理讲究的是感觉，流程和制度会让他们觉得被“轻视”，苦口婆心地劝导还不如一碗酒来得痛快。“哪里给钱痛快就去哪里干活”就是农民工的职业规划。如果工地管理得太规范，让人不能占点小便宜，只怕连人都招不到！

能够对传统行业进行“降维攻击”的人往往对传统行业和新型行业有较多的了解，而不是对传统行业一知半解就一头扎进去进行攻击，到最后，发现自己降维攻击不成，还得再交一遍学费。

4.8 义、利不分，免费模式难转型

很多有情怀的创业者，想做那种“既有公益性又有营利性”的项目，而结果往往事与愿违，原因很简单：没有正确的盈利模式。

很多人以为可以先做“免费”补贴，培养用户习惯，把用户量做大之后再来考虑盈利的方式。这种操作模式的风险很大，往往停止补贴之后，用户就移情别恋下一个不怕死搞补贴的企业。对于普通创业者来说，创业一开始就做营利性的项目比较好。

这种希望先大量补贴用户再扩大规模产生盈利的项目，特别是一些所谓的O2O项目现在已经很难得到投资人的青睐，除非已经看到盈利的曙光。我们不反对做补贴性的项目，而是一定要在盈利的基础上考虑公益性，甚至可以把一个运作良好的项目“包装”成有社会公益的项目。现在有很多有公益性的营利性项目运作得也不错，而且得到政府和社会的认可。

比如互帮网（www.bangcn.com）是由武汉市残疾人袁永海创办的“残疾人网络工作平台”，于2011年11月18日正式上线为全国的残疾人服务，以“互联网+残疾人就业”概念开创残疾人网络就业的先河，是集残疾人网络就业、技

能培训、公益捐赠于一身的助残就业类平台。

互帮网是立足于为不方便外出就业的和贫困的残疾人进行精准扶贫的就业帮扶网络工作平台，迄今为止已为全国各地5500余名残疾人提供了网络就业帮助，众多客户发布了15000多条的网络工作任务，总计为残疾人发放了133万元的工作酬金。

互帮网组织了280多场残疾人远程培训，为60余户家境贫困的残疾人捐赠了电脑。在互帮网的帮助下，很多残疾人学到了网络工作技能，部分残疾人的月收入已达2000~4000元，真正为残疾人开辟了一条“永不失业”的网络就业之路！

相比传统的工作，网络工作更能发挥残疾人的优势，更适合因身体原因而无法外出工作和经常找不到工作的残疾人朋友。因为身体方面的原因，他们在“定力”方面比正常人更强，他们所完成的工作质量并不比正常人差。这样的项目既有公益性又很好地实现了项目盈利，这才是好的商业项目。

4.9　三心二意，自作聪明留后路

既然是创业，就要有“壮士断腕”的精神，不要给自己留后路，一个三心二意的人创业不可能成功。如果你是项目的发起人，就必须心无旁骛、全力以赴，只有这样你才能够带领团队前进。如果军队首长打仗之前就给自己留了后路，士兵们还会拼命吗？

案例：PPLive的创始人姚欣在刚开始做PPLive的时候，还是华中科大的一名在读研究生。当时他可以选择一边读研一边创业，或者毕业之后再来创业。但是他看准了网络视频这个大方向，更重要的是他认为“如果我都不是全职创业，如何说服其他的兄弟们全职一起干呢”，他毅然决定休学创业，将所有的精力都投入PPLive中去，最后获得了巨大成功。

华为公司反复强调“力出一孔，利出一孔”，就是要求全公司15万员工不给自己留后路，将身家性命和企业的发展绑定，只有这样才能打造出一支狼性团队。

秋叶老师是一个兼职创业的“奇葩”，他边做大学老师边指导学生团队创业，但是正因为秋叶老师保留了大学老师的身份，才得以创造大量的高校免费分享讲座的机会，这恰恰是秋叶老师要抓的目标人群，而且秋叶老师也是时间管理的高手，能专注项目的核心目标，在同样的时间内，他能产出正常人几倍的效率，单就工作效率而言，他投入创业项目的精力并不比其他创业者少。

4.10 迷信资源，远离市场终被弃

在创业的过程中不可避免会遇到那种能力很强、资源丰富的人，他也很看好你的项目，但是没办法全职加入进来。对于这种情况，我们建议以外包项目的方式和他合作，做成一个项目给一定的提成。即使你可以让他占一些团队股份，企业的最终决策权也一定要在全职创业的团队手上。

在多数情况下，“资源”只能起到锦上添花的作用，雪中送炭的事情还是要靠自己，而且很多“资源”到了关键的时刻往往还起不了作用。其实很多“资源”也在寻找好的团队，如果团队的核心竞争力很强，你根本不用担心关键时候没有“资源”帮你。如果你把希望通通寄托在“资源”上，你就会故步自封，得不偿失。

有些创业者过去和很多大型国企及政府的关系很密切，总想通过这种关系来“做点事情”。以我们对一些项目的进展情况来看，如果你只是卖东西给这些老大哥，只要你能保证利润和回款畅通，小打小闹还是可以的。但是很难跟他们用“合作”的方式去拓展新市场，因为**拓展新市场的运作需要市场化的操作手段，讲究“专注、极致、口碑、快”，**而那些老大哥们，每一次

决策都需要讨论很长时间，走很多的流程。任何一个项目从上报到批准至少会有3个月到半年，还不包括后面的执行时间。而创业的市场环境1~2个月就可能天翻地覆，面目全非，每推迟一个星期都可能有不可控的情况出现。这样的合作往往是“鸡同鸭讲”，不欢而散。

总之，创业者不能把自己项目的成败寄托在自己不可控制和左右的核心资源上。

创业不能没有团队，但是也不能等到团队组建完成之后再创业。组建创业团队并没有统一的标准和步骤，但是符合“吸引力法则”：你自己是什么样的人，才会吸引什么样的人。“水至清则无鱼，人至察则无徒”，有时候你就得在“看谁都不顺眼”的状态下与他们共事，直到把你看不顺眼的人和事看顺眼！

5.1 先做“团伙”，后建“团队”

几乎每一个创业者都会为寻找合伙人而发愁，甚至觉得比寻找结婚对象还要难。如果你准备创业了才开始寻找合伙人那就已经太晚了，就像一个从来没有谈过恋爱的人直接去相亲结婚一样，只能靠运气。但如果过早考虑“组建创业团队”，那就是一个太沉重的话题。我们的建议是可以先做“团伙”，后建“团队”。

所谓“团伙”，其实就是项目制的临时性组织，先从做项目开始，如果合作不好，无论成败，项目结束，团伙会自动解散，两不相欠；如果合作得好，可以继续合作，如果连续几个项目合作之后都感觉不错，并且已经有了可持续盈利的模式和方向，再考虑形成一个创业的团队。当然组成团队之后也有“反目成仇”的，也有互相合作了好些年，虽然做成的项目不多，但是感情越来越好，信任度越来越高的。跟有些人合作，哪怕项目失败了你心里也没啥委屈；跟有些人合作，哪怕项目做成了你也憋得慌。

一个好的合伙人他的特征是“自动自发”和“承担责任”，而这些是在日常交往中就能体现出来的。想想看，平常工作的时候，谁的点子最多？项目成功的时候，谁在感谢同事和伙伴？项目失败的时候，谁愿意最先站出来做自我检讨？“响鼓不用重锤”，谁做事最让同事和伙伴们省心？对于大学生来说，在学校里面打比赛的时候，谁总是在指责别人，又是谁在高喊“我来”？谁在领先的时候喊大家集中注意力？谁在落后的时候用鼓掌激励大家……可以观察和寻找合伙人的机会太多太多了！一个从来不开口说“对不起”和“谢谢你”的人，恐怕这辈子都不会有什么机会。

合伙人不是“找来的”，而是“修来的”，你在学习和工作中的每一次努力都是在修这个缘分。如果你能给别人留下“刻苦”和“靠谱”的印象，你自然就会吸引到类似特质的合伙人。

案例：小李和小张是老同学，在读大学的时候，小李是学生会主席，敢说敢干，亲和力强；小张是宣传部部长，写得一手好文章，也是辩论大赛的金牌辩手。二人配合相得益彰，承担了学校包括百年校庆在内的几次大规模活动，深受学校老师和校友的好评。毕业后小李就开始创业，而小张进入一家大型企业做销售。

经过几年的发展，小李的公司越做越大，管理上急需帮手，这个时候他自然而然就想到了小张。而小张也正处于职业发展的十字路口，也正在考虑继续升职还是创业，现在小李正好提供了一个很好的选择，二人一拍即合。因为他们二人曾经在学校工作时积累下来的良好口碑，过去的老师、同学和校友都很关注这一对“黄金搭档”的创业项目，各种资源和人才不断地向他们的企业汇聚，现在发展得蒸蒸日上。

一个找不到合伙人的创业者可能并不适合创业，至少现在不适合创业。原因不外乎如下几条：

1. 自我认知不清，不知道该找什么样的合伙人；

2. 不善交际，朋友圈很小，不能提供合伙人选；

3. 对人苛求，所谓“人至察则无徒”。

不要和那些被“逼着”才干活的人合作，那样会极度分散你的精力。有“完美型”人格的人，对自己的要求很高，工作超出预期。当然这种人对其他人的要求也很高，合作意识偏弱。如果你的合作者无须你帮忙也能把事情做好，那他就是一个很不错的合作伙伴。而且，**宁愿和一个有私心但是能把事办好的人合作，也不要和一个办不好事情的“老好人”合作。**

雷军说他的小米团队“没有KPI”，那是因为他的团队成员有过多年的KPI考核所形成的工作习惯，不需要领导定义考核指标，他们内心就存在一个高指标，此时“不考核”就是对他们能量的最大释放。

此外，团队成员一定要“多元化”，工作能力和背景要能够互补，但是在创业初期同一个事情有且只能有一个人来负责和接口。比如某个合伙人负责技术，那么所有与技术开发相关的工作和外部资源都应该由这个人接触和评估。

5.2 团队价值观决定盈利模式

我们认为，对于企业来说，能够合法经营、照章纳税、解决社会就业问题就是最大的公益了，这也是企业的本分。

在从“团伙”变成“团队”的时候，务必要想清楚：怎样赚钱？虽然在还是“团伙”的时候，可以容忍“什么赚钱做什么”，但是一旦要做成团队，那么就得做“减法”，一定要回答“怎样赚钱”的问题。而且这个问题需要细化成更多的小问题，团队务必统一认识：

●什么钱能赚，什么钱不能赚？

●谁有决定权，谁有否决权？

●当下是追求利润最大化、追求销售额的最大化，还是追求市场份额最大化？

●市场拓展、研究开发、企业经营、日常行政等各个方面的开支如何分配？

●怎样选人、用人？（有“背景”的人能不能用？怎样用？）

（一）核心价值观

（追求）

第一条 华为的追求是在电子信息领域实现顾客的梦想，并依靠点点滴滴、锲而不舍的艰苦追求，使我们成为世界级领先企业。

为了使华为成为世界一流的设备供应商，我们将永不进入信息服务业。通过无依赖的市场压力传递，使内部机制永远处于激活状态。

——1998年《华为公司基本法》

任正非表示，电信网络分两种：一种就是自来水的管道，自来水管道只管送水的，而华为公司所做的是管道的铁皮。他进一步解释道“管道里面走的水是运营商和互联网在走，搜索来搜索去是互联网在搜索”。他更反问“华为搜他的信息干什么？谁给我钱？我负责就是做管道的铁皮，铁皮能做啥事？傻乎乎的，华为也是傻乎乎的。”

——2015年任正非讲话

从这两份横跨近20年的文件和讲话中，可以看清：华为在很长一段时间内坚持只卖电信设备，不做信息内容的服务。哪怕做信息内容服务的利润比卖电信设备的利润更高，更容易让人“一夜暴富”。如果你想做信息服务，那么请离开华为公司。

现在有的企业面临的问题不是盈利模式太少，而是盈利模式太多，而且社会上的诱惑实在太多。企业没赚到钱很头疼，赚到了钱可能更头疼：要不要做资本运作？要不要炒房地产？要不要去申请各类政府补贴？要不要投入股市？要不要准备上市新三板？如果只投入核心业务，如果这个产业的周期到顶了怎么办？如果不投入核心业务，被竞争对手赶上了怎么办？……很多东西，还是要在赚到钱之前达成共识比较好。

现在政府为了鼓励创业，也是为了鼓励中小企业的发展，每年都会增加一些补贴和优惠措施。政府的初衷是好的，也的确在某种程度上帮助不少企业解了燃眉之急。不过另一方面，有的企业领导人为了拿政府补贴而疲于奔命地参加各种会议、填写各种表格，为了拿补贴而拿补贴，甚至影响了企业的正常经营，这就本末倒置了。好在政府也逐渐意识到这个问题，补贴越来越容易申请的同时对企业的评估也越来越科学和客观。

5.3 算清楚账，做明白事

企业的本质就是功利性的组织，一个没有功利心的人是很难在企业中立足的，更何谈创业。创业需要的合伙人是“能够把事情做成”的人，而不是道德标准上的“完人”。

一个愿意谈利益的人比避而不谈利益的人更靠谱。前者是“亲兄弟明算账”，后者往往可能是刚开始语焉不详，到后面“图穷匕见”。以我们这些年的观察，在前期明确自己利益的人，到了后期往往最有用，甚至会为了企业而暂时牺牲自己利益；而越是在前期唱高调、看似对功利“无所谓”的人，遇到难题时往往掉头离开。因为前者更“在乎”这个企业，后者不“在乎”！这与谈合同很像——对合同斟字酌句的谈判对手，在后期执行合同的时候往往最讲信用。对合同条款“无所谓”的对手，执行起来就很“无所谓”了。

即使在跨团队的项目合作中，也是“明算账”比较好。感情归感情，商业归商业。言必称“免费”的人，要么是对自己的产品不自信，要么就是无视对方提供的帮助。即使你们之间并没有实质交易，但是在合作协议的签署过程中，也有必要对合作各方所提供的资源进行估值，以表示大家都承认和明白各自所付出的努力。

5.4 先找臭皮匠，再培养诸葛亮

你到底是需要找到“最牛”的人一起创业，还是先要找几个“还凑合”的人先把活干起来再说，后面再调整？如果你的思路是前者，你的事业很有可能没办法起步；如果你的想法是后者，你就要为今后职务、权力、责任的分配问题提早做准备，包括自己在某一天也要“让贤”。在一个良好的团队中，每一个人都会获得成长，那些当初你“看不上”的人，也许会让你大吃一惊。

案例：马云刚开始创业的时候，曾经认为他的团队支撑不了企业的成长，迟早要换成外来的“高手”和职业经理人。事实证明他错了，那些当初他“看不上眼”的合伙人远比外来的“和尚”管用，那些人直到现在都是阿里巴巴的顶梁柱。在一个快速成长的企业里，团队和员工自身也会获得极大的发展。

华为也很少用外来的“空降兵”，现在的骨干多数都是自己培养出来的。任正非说：“华为公司都是三流人才,我是四流人才。一流人才出国，二流人才进政府机关、跨国企业，三流、四流的人才进华为。只要三流人才团结合作，就会胜过一流人才，不是说三个臭皮匠顶一个诸葛亮吗？”这就是对企业制度建设和人才梯队建设的自信！事实也证明了这些“三流人才”的确战胜了很多拥有一流人才的跨国巨头。

人的成长空间是很大的，一个伟大的团队选对一个方向，会给每个人带来巨大的发展空间。

当年很多人并不看好华为在海外的发展，原因之一就是当时华为内部员工能够用外语对话的人都不多，更何况去做市场调研、技术交流、投标、签合同。当时很多企业的国际化是请外企的职业经理人，或者直接在当地找员工，只有华为是把国内的“土狼”赶出去，逼迫他们去适应。事实证明，华为这一步“赌”对了，完成了“不可能完成的任务”。

华为的国际化成功，一方面是踏准了中国大发展和全球化的大趋势，另一方面是华为拥有自己培养出来的一个有狼性的团队，而后者才起到了决定性作用。

创业公司在招聘的时候一定要优先考虑能够“把事情搞定”的有经验的人，把沟通和办事成本降到最低（甚至宁愿多付点工资）。

案例：比尔·盖茨刚开始创业的时候只有4个毛头小伙子和一个刚大学毕业的女秘书，大家把企业环境搞得一团糟。盖茨需要招聘一个行政秘书，他在一堆应聘行政管理岗位的求职简历中选择了这么一位：不仅没有什么高学历，而且已经42岁了，还是4个孩子的母亲，从事过短期的文秘工作，但曾被老板斥为表现不佳，还从事过档案管理和会计员等不少后勤工作，但这些工作都做得不长，后来一直在家里操持家务。后来，这位中年妇女上任后，对于这位年仅21岁的董事长开始以一个成熟女性所特有的缜密、细腻与周到展开工作，并且主动向盖茨申请在公司应尽的责任与义务，整个企业立刻走向了正轨。没错，她就是在微软公司的发展途径中一直起着关键作用的女秘书——露宝！露宝刚开始只是以一个“打工者”的身份进入微软，但是随着逐渐的相处，她已经全身心地融入了微软公司。后来盖茨决定将公司迁往西雅图时，她因丈夫有自己的事业而不能随往选择了辞职，虽然辞了职，但她依旧牵挂着微软以及微软的一切。为了微软公司，她在3年后最终还是说服了丈夫，举家迁到了西雅图，继续为公司的腾飞效力，直到微软帝国的建立！

其实，**相对于那么多“招聘”和“应聘”的技巧，我们宁愿相信“吸引力法则”**：你是什么样的人就会吸引什么样的人。一个务虚的企业不可能招到和用好务实的员工，一个热衷于玩弄权术的企业领导人，不可能用好能做实事的人。

5.5 要见面谈，不要只看朋友圈！

强大的网络社交媒体给每个人都新增了几张面孔，大家更容易互相了解，也更容易互相伪装。坦白讲，朋友圈里“充满了正能量”的人还不如在朋友圈发几次牢骚的人更值得信任。其实朋友圈里“充满了正能量”的人，要么是谁都不得罪，要么是“演技太好，入戏太深”，这两种都是不适合做事的。而偶尔在朋友圈发牢骚的人，至少可能让你看到了他的价值观和底线。

人都有“补偿心理”，缺什么秀什么。不是因为“秀恩爱”才“分得快”，而是因为知道“缺少爱”才会抓紧“秀恩爱”。有些平时做事不靠谱的人，朋友圈里面全是做人做事的大道理和“正能量”，而且基本上只转发不原创，也不点评或者批判。创业合伙人就是要找那种为了团队利益宁愿牺牲自己口碑的人，一个连朋友圈都做得如此世故圆滑的人，怎么能合伙做事呢？

当一个老板在朋友圈转发关于“执行力”的文章时，他的企业的执行力很可能有问题，而且问题往往就出在老板自己身上。马云、任正非等企业家在公司还很小的时候就有不少原创的文章和讲话被记录下来，很多名言警句流传至今。要找创业合伙人，见面聊的感觉是最重要的，不仅要看他说了什么，也要看他没说什么，至于他的朋友圈有时候得“反着看”才行。

5.6 所谓情怀，是“日久生情产生的胸怀”

刚开始创业的团队，用不着每一个人都有情怀，情怀是被“熏陶”出来的，是大家在一起共事之后培养出来的。创业的几个骨干价值观和目标一致就行了，同时在工作的过程中逐步发现适用于企业长期发展的人才，然后再加以用心培养。**即便我们是创业型企业，也不能以员工“表决心打鸡血”的方式来评估他的事业心，只能看他的日常绩效和表现。**

创业团队应该有“海纳百川”的胸怀，这一点需要好好向中国共产党学习。当年很多人在我党的带领下，经过残酷斗争的洗礼，大浪淘沙，逐渐成长为坚强的共产主义战士。一个优质的创业团队，就能够像我党这样，既能够海纳百川，也能够大浪淘沙，逐步遴选出自己的核心团队和接班团队，让事业生生不息。

很多成功的企业，为员工设计了不同的职业成长规划。有的人就是一个“技术控”，他就想简简单单地做产品开发，那就让他成长为“技术专家”。有的人喜欢做销售，愿意做一辈子销售，不愿意做管理带团队，那就给他安排销售精英的岗位。有的人喜欢做资源协调和服务类型的工作，那就让他来建设企业行政平台。在和企业共同成长的过程中，他的想法可能会发生改变。我有好几个过去是“技术控”的同事，转型做项目管理之后一样也干得很出色。

5.7 先有"团队习惯"，后有"团队文化"

有的创业团队动辄说做"团队文化建设"，我认为在创业期的企业，搞"文化建设"，不如先做好"习惯建设"。如果说先打工后创业和从学校直接创业相比，有什么优势的话，那就是在一个很好的企业平台上可以学到职业化的工作习惯。一个好的团队习惯，可以让团队中的人逐步从普通到优秀，从优秀到卓越，不断地进行自我提升。但是很多大学毕业生虽然很聪明也很优秀，甚至也有不错的学习习惯、生活习惯，但适合企业（产业化）要求的毕业生并不多，必须要"再加工"。

这个工作习惯，不仅仅指个人习惯，还有整个创业团队的工作习惯，团队一致的工作习惯和"企业文化"是相互促进的。只有核心团队的工作习惯、沟通习惯保持高度一致性，才能够快速组建和复制团队，将沟通成本降到最低。有些时候团队核心成员的习惯都不一致，那就像一个车的四个轮子没有调准一样，一走就散架。没有"团队习惯"，哪来的"团队文化"？

很多企业把"诚信"作为企业文化，而我评估企业是否真的"诚信"的标准之一就是企业内部是否有"邮件沟通"的习惯。无论是企业总裁还是基层员工，无论是上下级沟通还是平级沟通，所有的工作汇报和决策均有白纸黑字或者邮件进行沟通，而非“一言九鼎”或者“QQ聊天”。这样一来，看似降低了点对点沟通效率（本来一句话能搞定的事情非要发邮件），实则大大提升了团队的沟通效率。每个人都不敢胡乱决策，因为每个人都要为自己所发的邮件负责，一旦发生决策失误或者执行失误，责任很容易追溯。

那么，有哪些团队习惯是可以建立的呢？我认为至少有三点：

1.项目记录的习惯（建立企业资料库）

2.梳理制度的习惯（人人参与团队管理）

3.团队分享的习惯（团队的开放性）

5.7.1 项目记录的习惯（建立企业资料库）

无论是研发项目、市场项目，还是服务项目，从项目认证阶段就建立资料库。每个项目到最后，无论是成功还是失败，一律可以查询，可以反思，可以复制，可以避免再次失败。这些资料积累到一定程度，就可以提炼成企业内部的培训教材，甚至可以请当时的项目参与者来对其他人“复盘”。这种培训比从外面请老师来培训的效果要好得多。

我认识一个朋友，他每次项目运作之后，都会写项目总结。他至今都还保存着工作以来十几年间所有项目的记录和总结。包括遇到的各种情况，是怎么处理的，后果如何等。看他的项目总结就像看一个个的商业案例，各种突发事件、各种绝处逢生，也有很多“深深的遗憾”，实战性很强。

好的企业会提供不错的项目分析和总结的模板，这样的模板会让人的成长突飞猛进，会让一个应届毕业生在短期内获得2~3年工作经验的“功力”。下表是一张简易的《客户拜访情况汇报表》，从新员工开始，在拜访客户的前后都要填写这张表格，用此来推动项目进程。

<table>
<tr><td colspan="7">客户拜访情况汇报表</td></tr>
<tr><td rowspan="7">拜访前填写</td><td>员工姓名</td><td>张勤</td><td>部门</td><td>市场部</td><td>领导审批</td><td>李文华</td></tr>
<tr><td>客户姓名</td><td>王晓春</td><td>单位</td><td>××运营商</td><td>职位</td><td>建设部主任</td></tr>
<tr><td>项目名称</td><td colspan="2">××本地网扩容工程等</td><td>拜访日期</td><td colspan="2">2013年12月7日</td></tr>
<tr><td rowspan="4">拜访目的</td><td colspan="5">1.了解本工程在运营商的进展情况，包括预算、建设思路等</td></tr>
<tr><td colspan="5">2.了解明年该运营商的网络规划和建设情况</td></tr>
<tr><td colspan="5">3.落实我公司12月20日在该客户处进行××新产品交流会的情况</td></tr>
<tr><td colspan="5">4.了解竞争对手设备在该运营商的运转情况</td></tr>
<tr><td rowspan="8">拜访后填写</td><td rowspan="4">拜访结果</td><td colspan="5">1.本工程已经得到批准，批准资金1200万元，其中800万元用于新增设备（明年1月招标），400万元用于扩容。可以考虑在边缘地区上新型设备，确保主网的稳定</td></tr>
<tr><td colspan="5">2.明年的主要建设围绕3G扩容和4G准备开展，全年建设资金12亿元。分产品的预算详见附件</td></tr>
<tr><td colspan="5">3.交流会的情况局方正在准备，已经确保了王局长、主管建设的张副局长会参加，同时还邀请了上级主管单位。王局长对于我公司的新产品和新技术比较感兴趣，希望重点介绍</td></tr>
<tr><td colspan="5">4.主要竞争对手A公司在该局的设备运转情况尚可，最近一年没有出过大问题。A公司上次来拜访是在7月份，最近没有动态</td></tr>
<tr><td rowspan="4">后期工作安排</td><td colspan="5">1.报××本地网扩容工程项目组，立即启动客户网络状况调研和需求调研工作。务必拿下新增设备份额的70%和扩容份额的60%。扭转对A公司的弱势局面，奠定我公司设备的主流基础</td></tr>
<tr><td colspan="5">2.代表处各个部门对局方预算进行分析，找出机会点，并基于此制订明年的工作计划</td></tr>
<tr><td colspan="5">3.邀请公司的总工程师、“四大名嘴”之一的王厚成博士前来做这次技术交流，在局方树立我公司“专业”的技术形象</td></tr>
<tr><td colspan="5">4.摸清A公司在其他区域的运作情况，是整体疲软还是有保有压。同时向局方透露A公司已经准备放弃本区域的消息，让局方逐步将A公司的老旧设备退网</td></tr>
<tr><td colspan="2">领导审批</td><td colspan="5">同意工作安排，请各部门配合　李文华</td></tr>
</table>

5.7.2 梳理制度的习惯（人人参与团队管理）

企业制度的建立，不是“自上而下”，而是“自下而上”，每个人都是建立制度和优化制度的参与者。良好的制度建设会让人工作起来越来越轻松，而非越来越繁重。

我曾经负责过企业新产品发布会，包括产品的布展、调试、展台的搭建、客户邀请、客户现场接待、专家的演讲、会场的互动等，非常繁杂。我们短短两个月的时间在全国开了10场，行程数万公里。第一场发布会我们布展花了十几个小时，一个通宵。后面我们逐步完善展会的制度流程，到了最后几场我们布展只用了不到6个小时（包括十几台电力设备的现场调测）。我们整个团队都感受到了制度优化所带来的“威力”。

下表就是我们经过几次展会之后总结出来的《展会准备表》，每一项都落实到人，展会前一天的17:00之前签字确认。

说明	备注	责任人	配合人员	预计完成时间	实际完成时间	责任人签字
武汉客户邀请及陪同（根据名单分配跟进客户陪同人员）		苏小荣	办事处全体客户经理			
外地客户邀请及陪同（根据名单分配跟进客户陪同人员）		秦方	办事处全体客户经理			
巡展前一天下午开始		孙伟	孙伟、办事处相关人员			
深圳运往武汉及返程		孙伟	张慧明			
货物到达后搬运工人安排		张慧明	孙伟			
设备存放室协调		张慧明	孙伟			
空箱、资料存放协调		张慧明	孙伟			
巡展前一天下午开始		陈小宇	骆教授、夏侯康、办事处相关人员			
晚餐订餐及确定菜单		苏小荣				
烟酒购买		张慧明	苏小荣			
会场音乐		孙伟				
给所有参会人员发放会议议程		孙伟				
巡展动画碟片	2个	孙伟	陈小宇、胡华			
易拉宝	8个	孙伟	办事处秘书			
拉网展架	2套	孙伟	办事处秘书			
笔记本电脑（预放好巡展PPT、会场音乐等）	1+1	孙伟	张慧明			
电视机	3台	孙伟	陈小宇、胡华			
笑脸贴（绿色是新能源，蓝色是通信，黄色是电力设备）	黄、绿、蓝三色	孙伟	陈小宇、胡华			
嘉宾签到台布	1个	孙伟				
信息报		陈春来（准备好移交给孙伟）	孙伟			
购物袋			孙伟			
笔记本			孙伟			
宣传资料（13种）	100份		孙伟			
宣传资料（13种，不封装）	20份		孙伟			
200张抽奖券（主副券）及抽奖箱			孙伟			

抽奖 一等奖	1个		孙伟			
抽奖 二等奖	5个		孙伟			
抽奖 三等奖	20个		孙伟			
相机、DV			孙伟			
U盘	1个		孙伟			
企业文化衫（男女比例为8：2，挑大号）			孙伟			
会场座位安排		苏小荣				
组织资料包装（13种自有产品资料、信息报、巡展PPT文本、公司笔记本、文化衫、环保袋、巡展动画光盘）		张慧明	办事处相关人员			
产品标示牌		张慧明	陈小宇、胡华			
签到表	10份	张慧明	陈小宇、胡华			
嘉宾签到簿，配合使用		张慧明				
活动意见反馈表		张慧明	陈小宇、胡华			
巡展动画光盘		孙伟				
插排	4个	张慧明				
笔	2盒	张慧明	陈小宇、胡华			
透明封箱胶布、剪刀	2套	张慧明	陈小宇、胡华			
名片盒(摆放工控事业部人员名片)	6个	张慧明				
礼仪小姐	6位	张慧明	孙伟			
签到台	1个	张慧明	孙伟			
签到台鲜花	1个	张慧明	孙伟			
讲台	1个	张慧明	孙伟			
抽奖箱	1个	张慧明	孙伟			
无线手持麦克风	2支	张慧明	孙伟			
讲台麦克风	1支	张慧明	孙伟			
免费投影幕	2个	张慧明	孙伟			
名片盒	1个	张慧明	孙伟			
投影仪	2个	张慧明	孙伟			
讲台花	1束	张慧明	孙伟			
电子显示	1个	张慧明	孙伟			
会场指示牌	3个	张慧明	孙伟			
背景板		张慧明	酒店负责安装			
酒店横幅		张慧明	酒店负责安装			
我公司人员订餐		张慧明				
茶歇		张慧明				
签到		张慧明				
礼仪小姐接待安排		张慧明				
免费停车票	提供多少?	张慧明	孙伟			

哪怕是一个从来没有办过展会的人，也可以利用这张表来做好一次展会资源的准备。

很多老板拿着从网上下载的厚厚的流程、企业管理制度对我抱怨，说“流程制度都有了，他们就是不执行”。殊不知流程和制度的建立必须要从企业自身出发，最好是由企业各个阶层的员工根据自己工作的需要逐渐摸索和优化，而不能一味地压制和强求。曾经在企业中做过管理的人，会了解推行各种制度和流程的窍门所在，这些窍门会帮助他创业时少走弯路。

5.7.3 团队分享的习惯（团队的开放性）

我最怀念在华为的一点就是，每个人从进公司开始就配备“导师”，而且经常有同事（往往是高手）在项目完成以后专门来给大家分享他做项目的心得：有时会开个小会，有时是写篇文章，分享完了还要请大家吃饭，物质食粮和精神食粮都一下子让员工充满饱腹感。

我们部门的考核体系把项目的分享看得很重要：一个人如果只是自己做得好，从不分享经验，那他的考核结果绝对不会是优秀的，更不可能得到升职机会。在这样的平台上成长起来的人，心态都很开放，而且成长很快。此外，**如果你不能培养出自己岗位的“接班人”，那么你很难得到升职的机会。**

虽然华为很重视信息安全，技术机密和市场机密是不能公开的，但是很多做事的方法是共享的。比如学习某个技术需要看哪几本书？如何高效地进行投标？怎样做竞争对手的价格分析等，不仅有人讲解，也有文档和视频可以随时观看。如果有人新写了一个交流的PPT，只要吆喝一声就能找到几个同事一起进行修正和点评；某个代表处因为在项目中遇到了新对手，他们会及时把这个对手和产品的资料提交到总部，并且能够马上调动研发、售前、售后、商务部门等全公司的力量来进行分析和制定竞争策略。该策略会形成文档，放入公司的资源池，供有需要的同事学习。很多企业想学华为的“管理”，抛开那些高大上的概念和战略不谈，如果你能让公司的员工自动自发地进行工作经验和心得的分享，这已经能让企业的执行力提升一大截了。

越分享越富有，越开放越强大。俗话说“没有一桶水，拿不出一杯水”，而我的体会是：当你分享了一杯水，就会得到一桶水。当把所学所悟分享出去之后，所得到的东西远远超过所分享的东西。这是一个很开放的社会，“独门绝技”很难生存。在激烈的市场竞争环境中，如果你是一个团队的领导，你所想的一定是让伙伴们用最快、最好的方式来完成任务，这样你才有更多的时间和精力开始思考更宏观的问题。**把产品技术教出去了，才有时间做管理，把管理教出去了，才有精力做宏观判断。**怕“教会了徒弟饿死师傅”、死守着自己那一亩三分地的人，恐怕一辈子碌碌无为。

5.8 别急着过老板瘾，能不能先快速验证你的想法?

很多人眼中的“创业”就是先注册一家“自己”的公司，自己做老板，然后招兵买马，拓展业务，将公司做大做强。

实际上，对于创业者来说，**“注册公司当老板”不是第一步，而应该是最后一步!** 合理的创业步骤是：首先提出产品和市场渠道的假设，对客户及潜在客户进行深入的调研，逐步验证前期的产品假设和市场假设，收集足够的市场信息，并对前期假设进行调整。在这个过程当中，应该发现和寻找创业合伙人，逐步配齐团队，最后一步才是成立公司，将前期的工作装进“公司”。**商业模式验证成功之后再成立公司，而不是先成立公司再验证商业模式!**

秋叶老师一开始也是带着一些小伙伴利用业余时间测试，发现的确有可能做大后才正式注册公司开始运营，公司运营上轨道后才扩大经营规模招募更多的成员，商业模式也是在公司一步步发展过程中逐渐做清晰的。

5.8.1 需要验证哪些问题?

◆ 是不是发现了一个客户亟待解决的问题?

所谓“亟待解决”的问题，一定是客户的“刚需”，而且一定愿意掏钱解决的“重要又紧急”的问题。只有大企业才有可能去长期跟踪客户的“潜在问题”，提供“点到点的一揽子解决方案”。而创业型企业因为财力有限，要找客户“短、平、快” 的需求，致力于提供“稳、准、狠”的方案。

◆ 我们的产品能不能解决客户的这个问题?

对于创业企业来说，初期产品的功能不可贪多求全，能解决目标客户的最急迫的、愿意埋单的问题即可。至于新的功能，可以在后期用迭代升级的方式逐步完善，万不可追求“毕其功于一役”。

◆ 商业模型是否切实可行、保证盈利?

创业者务必要会算经济账，保证企业能挣钱、客户能满意。这种账要有产品生命周期的概念，不一定是一次性投入的经济账。

假设你的产品就是帮助用户节能，如果用户现在每年的电费是100万元，用了你的产品之后每年只花费50万元的电费，产品生命周期是8年，8年一共可以为客户省400万元的电费。那么产品的定价定在不低于成本、不高于400万元的区间是合理的。事实上，这种节能类的产品方案已经有很多种有效的商业模式，称之为“合同能源管理”，可以让各方都在最低风险的情况下，实现整体的节能增效。

◆ 准备好开始销售产品了吗?

凡是不能立即销售的产品，都不能拿出去见客户。很多的创业者激情四射地谈理想、谈抱负，但是一旦真要买他的产品，他又支支吾吾说“还没准备好”云云，这样既浪费有效客户的时间，也浪费自己的产品研发时间。

拿着没有准备好的产品去见客户，不能成交就很难有第二次机会。

做过销售的人都知道，客户愿意表露“想买”的心理活动的机会很可能只有一次。你应该时刻准备抓住这个“转瞬即逝” 的机会完成成交，而不是“回去商量”。

◆ 找到初期目标客户了吗?

创业公司初期的目标客户，往往不会是很“主流”的市场。创业公司应该先考虑“少数”客户的需求，避免广种薄收。好的目标客户具有两大特征：第一，有极其迫切的需求；第二，有足够的金钱。这样的客户，哪怕给我们带来“第一杯金”也是蛮不错的，至少能给我们带来现金流，支撑团队的继续运转。

5.8.2 少开会，多去见客户

创业初期，团队的骨干成员应该多见客户、跑市场，技术开发负责人也应该多去市场一线。话题不要“分散”，摸清客户需求、心理价位、成交方式、资金充裕度，迅速判断并找出最“合适”的客户。

创业团队要严格控制内部开会的次数和时间，提高开会效率，一切工作都要围绕尽快把项目/产品变成钱来考虑。

虽说要有“面壁十年图破壁”的情怀和“板凳要坐十年冷”的决心，但是作为创业者来说，在家面壁十年不如出去撞壁十天。市场是跑出来的，空间是谈出来的。公司开会时，应该讨论的是“A客户怎么说、B客户怎么说”以及我们的解决方案，而不是讨论“我认为应该如何、你认为应该如何”。

有些公司销售岗位的名称是“客户代表”，也就是说他的观点代表着客户的观点，这样安排是非常有道理的。

5.8.3 无论想法是否验证成功都是好事

无论想法是否验证成功都是好事。要么坚定了你的信心，要么告诉你“此路不通”，需要绕道或者干脆回头。既然决定创业，就应该有果断的决断能力，坚持还是放弃，和面子无关，“放弃”也可以说是规避风险。成功地规避风险和成功地运作项目同样值得庆幸。只要人在，钱在，信用在，就有翻盘机会。刘邦也经历过多次失败，最后得了天下！

5.8.4 船小好掉头，学会“以退为进”

当你的想法被验证失败（比如找不到目标客户、产品特性和客户需求的差别很大等），那么就要停下来反省之前你的假设是否正确。如果是你的产品过于超前，超出客户的即时需求，那就适当停一停；如果你的产品特性跟客户需求南辕北辙，那就要重新包装，甚至放弃该项目。

有的人从成立公司到盈利乃至上市看似只用了3年，但是在他成立公司之前可能准备了5~8年！很多成功的创业者在最后事业方向找到之前都是在不停地尝试、不停地改变方向、不停积累各方面的资源，最后才找到最“合适”的切入点，“一击而中”。我们所看到的那“三年”，不过是人家多年积累的“冰山一角”而已。

5.9 背景不同，创业姿势也不同

5.9.1 大学生创业，最好还是“传帮带”

首先声明，我们并不赞成大学生直接创业。一方面，中国的教育体制缺乏创业素质的培养；另一方面，国内的市场环境相较于完全市场经济国家要复杂得多。

在商人家庭中成长起来的人（无论是否是大学生），可以去尝试创业（以个人意愿为主），因为他们从小耳濡目染各种商业运作的实战型技巧。在沿海（广东、福建、江苏、浙江）一代，由于商业机会众多，个人发展出路较广，应试教育对创业精神的“扼杀”情况并不严重，创业机会比内地相对较多。

如果一个人很少接触到商业运作，那么他就要慎重地考虑是否应该创业。大学生创业的“优势”无非两条：（1）成本低；（2）输得起。传统行业需投入众多资金，哪怕风险较小也不适合大学生。但是随着移动互联网产业的发展，大学生面临着从未有过的创业机会。移动互联网产业和90后大学生的性格特征几乎是“无缝对接”，是大学生创业的一个不错的方向。但是，不能盲目相信移动互联网，不是所有人都适合移动互联网创业。

大学生创业最适合“传帮带”模式——有多年工作经验的师兄带领几个师弟、师妹创业，在文化和传承上可以迅速沟通。

案例：华中科大Dian团队堪称是创业者的特训营。从2002年成立到现在，Dian团队毕业的500多名队员中，已经诞生了50多家创业公司，2人荣登福布斯“中国30位30岁以下创业者”榜单。2014年，Dian的老队员张良伦、柯尊尧等创办的米折网获得了3000万美元的B轮融资，成为返利行业目前最成功的融资案例；同是他们创立的贝贝网在9个月内就完成1亿美元的C轮融资。目前米折网/贝贝网有10个Dian团队的毕业生，其中包括Dian团队的第1、2、3、5任队长。

Dian团队首任总教练、第二任CTO颜庆华回武汉创业时，Dian团队为他提供了办公室，在校的学弟、学妹跟着师兄工作，最终研发出图片社交应用软件，进军欧美市场，实现盈利，目前估值近亿美金，并在新三板挂牌。2014年，Dian团队首届创业论坛颜庆华拿出了百万元回购早期赠送团队的股份，回报“桶水之恩”（颜庆华刚开始创业时，经常跑到Dian团队蹭桶装矿泉水喝）。

这种师弟、师妹跟随师兄创业的模式，非常值得大学生尝试。

5.9.2 职场人创业千差万别

中国职场大致分为“体制内”和“体制外”两大类。体制内的包括公务员、事业单位、学校、研究单位、央企、国企、国有银行等，体制外的主要是民企、外企、商业银行。

体制内的工作者出来创业可能会面临政策和法律“禁区”两个问题，除非是专业技术人才（医生、老师、技术专家等）。因为体制内、外的思维方式差别极大，对人能力的要求差别也很大。有些体制内的人通过曾经在体制内积累的资源创业，这种创业模式涉及“灰色地带”，不在我们所推崇和讨论的范围。

裁判员突然变成球员踢球，其后果，你懂的……

作为一个体制外的职场人，如何做自己的创业规划呢？

首先，个人创业要发挥个人优势，团队创业要取长补短。很多工作素质不是一朝一夕练就的，这其中有些甚至和天赋有关。创业者应该将有限的时间和精力放到最能体现自己核心竞争力的工作上，不擅长的就要找到合适的人来合作。

其次，需要积累经验。充分了解大企业、中小型企业的运作模式，也要知道技术、市场、管理等多个岗位的工作内涵。对于创业者来说，“小企业”的工作经验极其重要！

有时候“不太正规”的中小企业的工作经验更适合创业。大企业背景的人往往讲究工作的“规范性”，如果没有好的规范和流程就无从下手，这样一来往往容易丧失战机。而中小企业的人擅长在“不那么规范”的情况下，快速抢占地盘，后期再逐渐完善。所以好的创业团队是“小企业的迅速决策+大企业的强势执行”。

现在的一些互联网企业，机制非常灵活，企业内部的项目组就像一个个创业团队，企业也给了这些团队充分的自由，这样的企业是学习创业的优秀平台。

最后（也是最重要的），要选准创业方向。创业方向不是一开始就确定的，而是在职业和工作积累中不停“演化”而来的，适应产业的发展。10年前，有多少人预计到了今天的“移动互联网”时代呢？在这个时代，死守本行也许不是上佳之选，“跨界”和“融合”才是发展之道。

从华为出来的创业者，创业方向可谓千差万别。有人做软件和硬件开发，也有人做红酒电商（品尚红酒网），有人做家政服务（云家政），也有人做进出口贸易。华为荣耀的前总裁刘江峰的创业方向是生鲜电商（DMALL）。华为荣耀的前副总裁彭锦洲，现在在帮汪峰做发烧耳机fiil。还有人做餐饮、服装、建筑等。前华为创业者的聚会可谓是三百六十行各显神通。

在工作中积累和发现创业的方向主要有以下这几种类型：

技术积累：掌握社会急需的技术/产品，并能够在社会上快速变现，比如做软硬件的产品开发，输出有竞争力的解决方案/芯片。

渠道积累：掌握某种商品渠道（货源或者销售渠道），并有足够的市场门槛能获得较高的利润，比如进出口贸易、某个行业的销售渠道等。

团队积累：在工作中与同事及上下级建立良好的关系，发现自己将来创业时候的合作伙伴。

管理积累：通过将规范化大公司的管理带入传统行业，提升企业效率，降低企业运作成本，从而获得竞争力。比如广润的朋友小北把华为的流程管理思想用于他自己的餐饮店的运作，经过1年的实践，现在发展非常“省心”，开了3家分店。

5.9.3 技术专家创业要突破自我

只有在工作中很用心的人，才有可能有好的创业机会。技术专家既是最适合创业的，也是最不适合创业的人。

“最适合创业”，是因为很多技术专家的确有“独门绝技”，至少在技术上有较多积累。“最不适合创业”，是因为他们太习惯于用技术的角度去看问题，缺乏多维度的视野。

中国的“技术专家”不乏应试教育的佼佼者。但是正如前面所述，应试教育对于创业的天赋是一种扼杀。创业和科研之间，既有相通，也有相悖。创业需要有“赌性”，也就是“冒险精神”。而中国的教育体制和行政体制培养出的人，习惯性地看看“领导怎么说”“别人怎么说”等，这种“求稳”的思维是创业的大忌。

案例：我曾经看见过一个科研院所的蔬菜保鲜的项目，从技术角度上来讲完全能够满足物流行业的需求，应该立即推向市场。但是因为上级机关（在没有做市场调研和分析的情况下）提出的要求远甚于市场所需，由于该研究所考虑到只有满足上级要求才能获得“50万元的市场运作经费”，科研人员只能继续进行“科研攻关”，白白浪费了至少两年的时间，而且很有可能就此错过国内物流大发展的最好时机。

有技术专家背景的创业者，更喜欢与有技术背景的人打交道，最常见的就是他们对客户大段大段地讲解技术细节，显示自己对某个技术的了解深度，而全然不顾市场需求和客户反应。从项目运作上来考虑，如果一开始技术细节谈得过多，就可能陷该项目于危险的境地。项目运作的目的是签单回款，而不是PK谁的技术好。

任正非说：“什么样的产品是好产品？就是客户愿意掏钱埋单的产品。”凡是客户不埋单的产品，哪怕技术再先进，也是失败的产品。

技术专家还有一个思维上的局限——不敢“谈钱”，耻于“谈钱”。也许是受“君子重义轻利”等文化影响太深，谈钱就显得“害羞”，不知所措。因为对市场情况的不了解，他们在自我定位和定价的时候容易走极端：一种是只从“工作量”来衡量产品的价值，而不能从市场需求上来衡量产品价值。辛辛苦苦研发出来的产品被“贱卖”的情况比比皆是；另一种是自我膨胀得厉害，开口就是“天下第一、世界首创”，不仅在科研上闭门造车，也不懂商务合作的规则，漫天要价，造成项目合作困难。

技术思维的特征是“非黑即白”，事情不是对就是错，缺乏中间地带。但是在项目运作的时候，有多种迂回方法，有很多的资源可以借用和交换。如果带着“非黑即白”“不成功便成仁”的心态上谈判桌，项目必死无疑。

因此，对于技术专家来说，有“自知之明”很重要，一定要走出实验室，走出单位，走出自我，要站在更宏观的角度来看问题。有些“专家”，很少关注同行的进展，不收集友商和同行资料，既不参加展会，也不参加研讨会，别人赚钱是“无商不奸”，这样的心态肯定是不对的。

管理大师德鲁克说："先要确保做正确的事情，然后才是把事情做正确。"创业尤其应该如此！每个人都想做"靠谱"的项目，而要找到"靠谱"的项目可能比做项目本身更难。很多创业项目所存在的问题，是从一开始就埋下的祸根。人一辈子遇到真正"靠谱"项目的机会并不多，何况机会来了你还可能会错过。本章介绍了辨别创业项目是否靠谱的"经典九问"，帮助你快速识别项目，并且为写《商业计划书》打下基础。

6.1 你的项目是什么？

如果你准备创业，面临多个项目选择，如何判断哪个项目最靠谱？

如果有人想拉你一起创业，如何评估他的项目和他的团队呢？

你们的创业项目需要融资吗？什么时候融资最合适？

投资人会怎样看待项目？他们到底在想什么？我们需要全听他们的吗？

怎样选择合适的投资人？天使投资人真的都是“天使”吗？

……

上述这些问题，都是在创业过程中必须面对的，有的团队能够很好地解决或者规避风险，有的团队则一开始就埋下了祸根。在我们看来，有的项目从本质上就是错的，压根就不应该做；有的项目如同鸡肋，食之无味，弃之可惜；有的项目初期看似很好，一旦出现问题就为时已晚。身边的朋友要么看不懂你的项目，不能提出有效意见；要么明知道你的项目存在问题，但碍于面子不能提出来……

我们建议，**即使很难保证能给你带来多大的收益，至少能让你规避一些损失，少犯或者不犯低级错误。**

去医院看病，医生往往会问：哪里不舒服啊？发烧吗？拉肚子吗？咳嗽吗……通过我们的回答来初步诊断病情。分析项目其实和看病类似，也需要问一些问题，通过对这些问题的回答来判断项目的好坏。下面我们就从这些需要确认和判断的问题开始入手，逐步学会项目评估法。

不要笑！很多人真的不知道他的产品和项目是什么！

要回答“我的项目是什么？”其实需要回答的是下面几个问题：

1. 现在用户普遍的痛点是什么?
2. 为了解决这个痛点，市场上已经有的产品是什么?
3. 我们的项目和市场上的东西有什么区别?
4. 为什么我们能做这个项目，别人做不了?

比如Office培训有很多，Office的高手也有很多，但是秋叶老师Office培训瞄准的就是“小白”市场，帮助大学生工作之后能够快速地掌握Office的技巧，应付日常工作，而非培养Office操作高手。再比如做在线教育平台的人很多，但是真正成功的并不多。其中有些平台定位于“帮助学生做作业”，解决日常做作业困难的问题，甚至就是定位于解决“初中数学”的日常作业答疑，现在的盈利情况比那些更大的平台还要好。

当大家都在说“大概念”的时候，创业就要把大的概念落地成具体的产品，而不能够只谈概念。

比如“智能家居”，这个概念里面包括很多产品，智能空调、智能Wi-Fi、智能插座、智能安防、手机APP等。作为一个创业项目，与其说“我们做智能家居解决方案”，还不如说“我们做智能家居里面用的控制芯片，安装方便功耗极低”更合适。因为前者只是一个概念，而后者可以引发更多的讨论。包括“可以安装在哪些设备里面？”“和哪些品牌的厂商有合作？”“功耗低到什么程度？”“有没有测试报告？”“和业界其他的产品相比，你们的成本如何？”等。

“我的项目是什么？”这个问题看起来很简单，但是要回答清楚就得整个创业团队一起来讨论，并一定要统一思想，统一口径。“我的项目是什么？”在项目的不同阶段，在面向不同对象的时候，其呈现就应该有所不同。在实际项目的操作中，初期想做的是A，产品出来调整为B，给客户讲的是C，客户感觉是D。

6.2 你的客户是谁?

你首先要明白，不要试图将产品卖给所有人，那将会让你失去所有人，客户范围定义越清晰越好。包治百病的药就是假药，给所有人用的产品就是伪产品。作为创业者，你的客户定位越精准，越能将有限的资金/人力/资源发挥最大的价值。如果你无法简单地讲清楚“能做什么”，那么先描述“不做什么”效果也会不错，甚至会更好。

案例：2002年之前，王老吉是一种在仅仅广东等区域流行的凉茶，因为当地气温高，容易上火，必须要喝凉茶来下火。当时的加多宝公司为了将王老吉从广东市场拓展到全国市场，巧妙地对“谁是我的客户”做了重新定位：

既然人们喝凉茶是为了下火，那么

容易上火的原因是什么?

天气热，还有——

吃火锅、吃烧烤!

因为天气湿热是南方地区的特点，而吃火锅和吃烧烤是全国人民都喜欢的事情，因此下火是全国人民的需求，于是“吃火锅、烧烤必配王老吉”。王老吉因此将自己的客户从“南方天气热”的地区拓展到全国市场，甚至海外市场。

从宣传广告语上来说，“怕上火喝王老吉”，妙就妙在一个“怕”字！因为吃火锅上火的人不是全部，但是几乎每一个人都怕上火。

像王老吉（加多宝公司）这样，通过对客户需求更准确地分析和定位，调整客户画像，就可能使产品能够爆发性增长。

一个好的项目，往往能够对他的最终使用用户和使用场景做出清晰的描述，比如秋叶老师的在线课程，最典型的使用人群是院校大学生，最典型的使用场景是利用电脑在学校利用晚上的时间学习。你越清楚你用户的特点和使用场景，那么你的产品和推广策略也越容易抓住他们。

案例：小袁在武汉读大学的时候就对演讲非常感兴趣，2008年他大学毕业后就直接创业，从事演讲与口才的培训工作。

在创业初期，他把客户定位为大学生市场，因为：

1. 武汉市大学生人数多，而且比较集中；

2. 大学生需要面试，有直接需求；

3. 大学生经历高考后性格内向不善表达，有潜在需求。

事实证明以上都是假想，学生们并不认为自己需要花钱来学演讲，因此小袁前三年的创业颇为费力，收入只能勉强维持团队运营。

从2011年开始，小袁将客户定位为上班族，学费虽然上涨了不少，但是收益还是增长不多。

随着创业之风的日盛，资本市场有大量的资金需要寻找好的项目，很多创业者和企业高管需要通过演讲（比如路演）来完成融资。**“如何在较短的时间内将自己的团队和项目介绍给投资人，吸引他们的投资”**是路演者急需掌握的能力，这些创业者和企业高管愿意付出较多的金钱和时间来学习演讲的技巧。小袁的团队再次调整客户定位，将客户瞄准有一定实力的创业者和企业高管，并且将业务重点从武汉向沿海城市拓展。此举让他们的创业项目全盘皆活，现在他们已经逐步在业界建立了自己的品牌。

6.3 你的客户在哪里？

有些创业者想做“高大上”的产品，结果是即使产品做出来了，也很难将项目推下去，就是因为他们没办法找到客户。而且越是“高大上”的产品，客户就越是“高大上”，这种客户渠道就离普通创业团队越远！

案例：曾经见过一个创业者，想做“城市一卡通”，就是把银行卡、社保卡、交通卡、水电费、煤气费等城市生活卡统一起来，“用一张卡走遍全城”，甚至考虑做“城市卡联盟”。这样的项目，且不谈技术实现（数据库对接等）会有多大的困难，单凭你需要和这么多的部门打交道，就不是普通创业者所能操作的事情。这种项目，在当时至少是市长和市委书记这个层面考虑的。而且即使要做，也一定是找大公司合作。果不其然，后来微信已经和相关部门逐一打通了接口，并大部分地实现了上述功能。

不同的产品和项目，找到客户的方式截然不同。以华为为例，作为资深的通信设备制造商，华为卖设备给电信运营商是直销模式，卖给政府和企业是分销模式，这是两种完全不同的方法。后来华为又做手机等个人消费类产品，市场路径和前两者完全不同。下面我们分别对常见的2B（集团大客户）和2C（针对消费者用户）两类项目做简单的分析。

◆ 2B项目渠道评估案例

假设你的客户是国企或者政府部门（以某地的电网公司为例），那么你一定需要知道电网公司的采购和付款流程，至少了解以下这些问题：

■ 电网公司每年的采购清单上有很多种产品类别，你的产品属于哪一类?如果你的产品不属于任何类别，应该怎么处理?

■ 如果你的产品类别前几年电网已有采购，那么你的竞争对手是谁？你知道他们的产品质量和商务价格吗？你们跟他们竞争优势在哪里?

■ 该类别的产品需要招标吗？每年的什么时候招标？哪个部门负责？招标主要是看价格还是看质量？回款是否方便？周期有多长?

■ 如果需要招标，那么对投标企业有哪些资质要求？如果你的企业暂时满足不了资质要求，能够找哪个企业合作投标？合作的成本是多少?

■ 如果不招标，那么现在的渠道是什么样的？这个渠道的“背景”是什么?

■ 电网公司付款方式和流程是怎么样的?

……

以上这些问题，即使是业界巨头都要小心翼翼，作为一个刚开始创业的公司，更是要把这些路径摸得一清二楚才能操作此类的项目。企业最大的风险不是做不出产品，而是产品做出来了卖不出去。

◆ 2C项目与电商策略选择

过去一直流传着“渠道为王”的概念。有人说：“互联网和电商的发展打破了这种垄断，让百姓和厂家得到实惠，渠道为王的思想已经过时。”事实上，互联网和电商在打破原有渠道垄断的同时，形成的是更加极端的垄断，而且追求在很短的时间内就要“垄断市场”，从而让对手反应不及。因此，在互联网时代，“渠道为王”的思想非但没有过时，而且还在成倍地加强。

如果你有在大中型超市的工作经验，你就知道商超里面的商品摆放是很有技巧的，哪个供应商给的钱多，他的商品就放在顾客一眼扫到的地方，反之就会放在最不显眼的地方。将这套“潜规则”从线下挪到了线上，就叫作“竞价排名”——谁给的钱多谁就把谁的产品放在首页。

做电商的成本并不比线下实体店低，甚至有时候会高出很多。江湖盛传“不做电商是等死，做了电商是找死”，这句话很有道理。做电商之前，务必要考虑以下的问题：

- 企业到底要不要做“电商”？做电商的目的是什么？
- 什么样的企业和产品适合做电商？
- 是我们本企业做电商，还是利用经销商来做电商？
- 淘宝/天猫、京东商城、唯品会、微信等不同的电商平台分别适合做哪类的产品？
- 如果要做电商，是跟淘宝、京东等现有平台合作，还是开自营电商网站，抑或是兼而有之？
- 如何规避电商业务对原有的渠道产生冲击？
- 线上渠道和线下渠道之间的差价如何摆平？

……

很多创业团队（尤其是学生团队）对社会运作的规则和规律了解太少，对渠道的获得和操控经验几乎为零。结果是，要么就在项目要落地的时候才发现完全“此路不通”，要么是走了不少冤枉路，花了很多冤枉钱。**所以，创业团队必须要有一个很专业的人来操作和运营渠道建设，因为一旦栽跟头，就很难爬起来。**

6.4 你的项目靠什么盈利?

6.4.1 “付费模式”的3个W

付费模式一定要弄清楚的三个词Who? When? How?（谁付费？何时付费？如何付费？）

在以“买卖”为主的传统商业行为中，客户掏钱付费天经地义，而且这种“羊毛出在羊身上”模式依旧是最可靠的盈利方式，毕竟“现金流”永远不会骗人。从创业项目的选择上来说，越是能早点收到钱的项目就越好！作为创业型的小公司，在和大型企业和集团公司合作的时候，千万要注意这一点！

很多和大型企业合作的原材料供应商、服务外包公司面临的主要风险就是“回款周期”太长。也许500万人民币对于一个年收益百亿规模的公司来说不算什么，但是对于一个初创企业来说，早收一个月和晚收一个月简直能决定企业的生死！500万元的款项，按照一般的民间借贷利率月息1%（这已经很低了）就是每个月利息5万元。5万块钱除了可以支付该企业一个月的房屋租金和水电，还能够多养两个销售员去拓展业务。所以，在操作这种与大企业合作的项目的时候，报价之前务必要算清楚贴息，否则会做亏本买卖。

与上述情况相反，还有一种“预收费”模式，客户先交钱后消费。常见于美容美发店、洗车店、健身房、瑜伽房等。可以推荐客户办“优惠卡”，预存一笔费用，一年之内来消费就打折，或者干脆就是预交“年费”。这种方式的好处是规避了回款的风险，但是由于各地传出来的健身房、美容院收钱跑路的消息，客户越来越谨慎。如果你们的商业模式能够让客户预付费，比如像各大运营商那样通过各种活动让客户“预存话费”然后再来享受各种优惠，那样你们项目的存活率会高很多。

6.4.2 “免费模式”怎么玩？

在互联网时代，尤其是在现代金融服务业发展起来之后，有人提出来“羊毛出在狗身上，猪埋单”的模式，并且不乏成功案例，于是各种“免费”和“公益”的平台和一些“超低价”的产品冒出来，你方唱罢我登场。免费的模式，一般来说可以分为以下几种：

1. 360模式：奇虎公司通过向最终用户提供免费的360杀毒软件而颠覆了整个杀毒软件市场，360杀毒软件因此而迅速地占领了数千万的用户桌面。360杀毒软件的盈利模式是将自己变身为一个软件推荐渠道，向用户推荐他的应用软件或游戏，而其他的软件和游戏公司不得不向360付费以争取获得360的推荐。360模式的步骤可以描述为：

瞄准刚需（杀毒）——免费极速扩张——变身渠道——推荐第三方软件——第三方付费，典型的“羊毛出在狗身上，猪埋单”的过程。

2. 视频网站模式：只要你不是该视频网站的付费用户，在观看视频的时候就得观看时长不等的广告。由做广告的公司来付费给网站，如果你不想看广告，也要付费。

用户付费给网站就不用看广告，不付费就要看广告，而做广告的公司要付费给网站。视频网站的盈利模式属于“两头堵”。

3. 用户细分模式：通过免费的手段吸引大量用户使用软件和平台（如QQ和某些网络游戏），然后对用户进行细分，对于愿意付费的优质用户提供更多的服务内容，享受更好的服务体验（比如QQ空间的装扮、游戏中的装备等）。这种模式只要基础用户足够多（比如1亿），10%的用户付费也有1000万的用户，每个用户每月10元钱就是1个亿的收入。这种模式属于“大网捞鱼”，只要渔网足够大就能够捞到足够多的鱼。

无论采用哪种免费的模式，都有一个前提条件：势能。这个势能包括足够多的钱、足够强的团队和足够准的刚需，如一群猛虎下山一样，在对手来不及反应的时候快速占领市场，让市场上的竞争对手只能对你俯首称臣。

这种免费的商业模式当然是不错的，但是切勿陷入其中无法自拔，尤其是草根创业团队。一味地宣扬“互联网模式就是免费模式”，不仅误导了市场而且误导了消费者，还影响了企业的盈利。对于创业团队来说，现金流永远是最重要的！任何人建议你采用免费模式都不要轻易答应，除非他愿意掏钱给你烧！

6.4.3　你的项目收益有多高?

有个很经典的段子：中国十三亿人，每个人让我赚一块钱就是十三个亿。赚够这十三个亿我就金盆洗手、隐退江湖。

与此相似的还有，武汉市的大学生接近120万，如果我每人每年赚100元就是1.2个亿，然后把商业模式复制到北上广……

真是这样的吗?

在做项目之前，一定要想清楚，这个项目最少能挣多少？最多能挣多少？也就是地板和天花板，这个当中的空间有多大。挣最低数目需要投入成本是多少？挣最多数目需要投入的成本是多少？要回答这些问题，归根到底还是要弄清楚“我的客户是谁？”

不可否认，每个人都有自己的圈子，也有自己的“主场”地盘。比如我是某个大学的学生，那么我在占领这个大学的学生市场会有天然的优势，那么如何将这个方法复制到其他大学呢？比如我们在湖北做项目，利用人脉和熟人关系可以做得不错，那么复制到外省呢？从熟人圈子向陌生人圈子的复制，成本和风险会数倍增加。

有些人在对外描述项目的时候，往往喜欢说“我和市长很熟”“我在本地金融系统工作多年，人脉很广”。也许他认为这是个优势，但实际上这也是他最大的劣势。过于迷信“资源优势”只会故步自封。

固定的思维是先从资源丰富的地方入手，占领市场之后再去陌生市场拓展，这样的成功案例也不少。不过更值得借鉴的方法是，先从陌生市场入手，那样所获得的市场运作方法和商业模式的认证是更有价值的，对于后期的快速复制会大有帮助。

做“熟人市场”如饮鸩止渴，很多人因为熟人市场而疏忽了新市场的拓展。一旦熟人市场发生突然变化，项目往往就会前功尽弃。

熟人市场其实只能是项目的“地板”，陌生市场才是项目的“天花板”，不可本末倒置。只能做熟人市场的事情只能当作机遇来做，而不能当作有发展前景的创业项目。

很多有“资源”的人，可能会太迷信“资源”的作用，比如创业者和某个部门领导的私交不错，通过提前得到有价值的信息而获利。姑且不谈这类项目是否有权钱交易的黑幕，但就这种项目而言，其“天花板”太低。毕竟领导的任期是有限的，他能“罩得住”的市场不过那一亩三分地。这种项目可能有一时一地的盈利（只要不违法乱纪），但也并非长久之计。尤其在互联网时代，传统的行政领导能够“罩得住”的地方越来越少了，而且这种行政体系和决策机制是非常不利于市场化运作的，这样的项目，想从市场上融资比较难。有抱负的创业者，还是应该把精力放到市场化的运作上去。

6.5 你们的竞争对手是谁?

“你的项目的竞争对手是谁？”“如果华为或者腾讯做你的项目，你怎么应对？”很多创业者遇到这样的问题的时候会觉得很难回答，甚至会比较“抓狂”。因为他们不知道提问者（往往是投资人）的目的，也不知道那些“大公司”的决策机制，所以只能抓瞎回答，甚至“拍案而起”。

有些创业者甚至拒不承认竞争对手存在，他们会一厢情愿地认为自己的技术和产品“独步天下”，而别人对他们都构不成竞争威胁，**这种思想是极为危险的，实际上是“井底之蛙”的表现。**

无论是在硅谷，还是在国内的各个科研机构，或者是在华为、中兴、腾讯、百度、阿里巴巴这样的企业，每天都有成千上万的聪明人在努力工作，碰撞最新的技术、产品、商业模式，他们可以调用数亿到数十亿的资金来运作项目。你能想到的项目，可能他们早就想到并论证过了。何况，他们还有着能征善战的职业经理人团队，只要是好的项目，他们随时都可能像狼群一样地扑过来，后发制人。

面对这样“有可能”的竞争对手，也没必要害怕，但是一定要了解、分析他们，找到他们容易忽视的地方，出其不意，攻其不备，打下自己的天地。

事实上，大公司都有他们的产业规划和定位，比如有的公司规定“年市场总额低于100亿人民币的项目不做”，如果我们的项目评估市场总额是50个亿，我们就可以放心该企业不会进入这个行业成为我们的对手。

创业需要选择市场空间足够大，巨头又看不上的项目，这样才能避免和巨头过早交手。

6.5.1 千万不要说“没有竞争对手”

首先，在面对“有没有竞争对手”之类的问题的时候，千万不要说“没有竞争对手”，哪怕真没有对手，也要“造”几个对手出来。**因为没有对手，就意味着你的项目没有价值。**何况你是“小公司”，要通过树立“对手”来确立自己的品牌。

当你说“我的项目没有竞争对手”的时候，就意味着要么你自己没有市场调研和判断能力，要么就是这个市场压根就不值得做。

如果你有一天突然脑洞大开，发现一大片“蓝海”市场，那么你应该“反过来”想：为什么那么多的大公司、那么多的聪明人和创业者没有发现这个市场？他们是真的没有想到这一点，还是这个市场本来就是伪需求？或者另有所图？

聪明的创业者，会自己发掘和“创造”出很多竞争对手，这样可以让很多人觉得他所从事的这个方向市场空间足够大。而他会强调自己的方案与众不同，这样才能体现优势。作为创业者，你会选择哪一类的项目来做呢？

A. 真正的空白市场

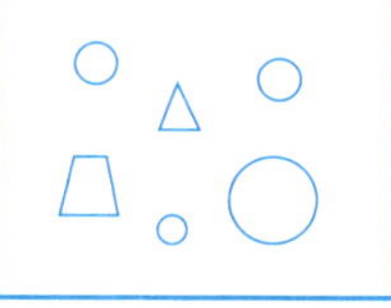
B. 自由竞争市场

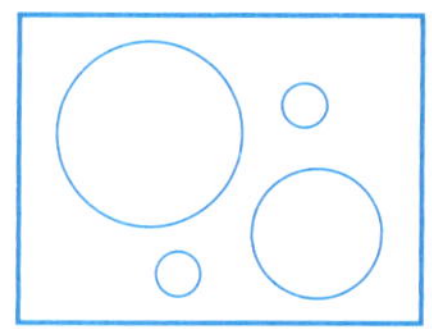
C. 1–2个寡头垄断市场

如果选择“A.真正的空白市场”，虽然你暂时没有遇到竞争，但是并不排除“螳螂捕蝉，黄雀在后”，对于一个创业型公司来说，你不仅要推销自己的产品，更要创造出一个新的市场，有点类似于前面说的“做蛋糕”。可能会面临极大的生存压力，除非你的能力和运气像马云那样棒，做出像阿里巴巴那样的企业。

如果选择B，可能你从一开始就要面临非常激烈的市场竞争，可谓群雄逐鹿。但是你的生存性会比A要好一点。毕竟市场上已经有那么多的竞争对手做参考，可以避免走弯路。如果这个市场是符合社会发展的大趋势，市场总容量会不断增加，企业短期内活下来的可能性比较大。这类市场有可能会演进成C那种寡头垄断市场，也有可能会一直是“群雄并起”的局面。

如果选择C，整个市场空间已经能被挤压了，垄断局面已经形成。这个时候的创业最好的方式是“站队”，选择某一个寡头在某个行业/区域做合作伙伴，先保证自己的生存。如果你想做跟寡头一样的产品硬碰硬地竞争，那样风险实在太大。

6.5.2 学会和竞争对手共舞

在这个商业发达的社会，竞争对手无处不在，同时又很少有对手跟你是100%的竞争关系（看看春秋战国时期的各国谋略吧）。任何一个创业项目，都会由好几个部分构成，比如产品技术、售后服务、融资能力、市场渠道等等，而且很多公司有不止一款产品，不止一个渠道。**在面对“谁是竞争对手”这个问题的时候，比较合理的说法应该是：**在产品上我们和A公司比较类似，但是在××功能上比A更先进；而在××行业市场中是和B公司共同占据了80%以上的市场份额（实际是B公司占了60%，你们占了20%）。

即使是相同行业的创业项目，也有不同的方向。比如同样是“互联网+家政服务”，有的团队是做了一个APP做家政管理，有的团队是做微信平台的推广和运营，有的团队是做了一个家政服务的电子商务网站，也有的仅仅只做电器维修这一个服务类型。如果你来做家政服务，就要想清楚应该怎样来做，如何把自己的优势发挥到极致，需要和谁“竞争”，避免和谁“竞争”，需要和谁合作，避免和谁合作等等。

在自己的企业还不够强大的时候，不要试图跟所有的人竞争，那样会成为众矢之的。竞争和合作需要交替互补地进行。如果你宣传你和业界的所有人都不一样，那么也许就暗含着你要跟所有人竞争。

6.5.3 收集对手资料的方法

在不违反法律的前提下，收集竞争对手资料的方法有很多，而且你要尽可能地用各种方式去收集资料，包括但不限于如下列出的这些：

- **企业网站：**可以收集一些基本的企业信息。
- **当地工商局网站：**每个地方的工商局网站上都有企业注册信息，可以核实企业的基本情况，企业的经营范围、股权结构等。
- **网络搜索：**搜索尽量多的有关该企业的/行业的正面或者负面信息。
- **银行和金融机构：**在人民银行、商业银行、民间金融机构可以查询到该企业在财务方面的状况，是否有信用违约。

■ **展会：**收集最新的、前沿的技术和宣传，可以现场观看最新的解决方案。

■ **宣传图册/广告：**可以收集一些基本的企业信息，营销信息。

■ **股票分析（上市公司）：**了解到该企业的诸多情况。

■ **投标资料/商务合同：**能了解到该企业的背景、资质、产品、技术、商务、价格、应用案例、客户清单等最实在的材料。

■ **用户口碑：**从用户口中可以了解到该厂家的很多实际情况，核实该厂家的宣传真假、产品的稳定性、技术的实现是否可靠、商务是否优惠到位、服务人员的素质等。

■ **离职员工/高管：**了解他的离职原因、企业内部的运作方式、企业内部决策机制、管理架构、高层关系、企业氛围等。

■ **经销商/代理商/供应商：**他们在和该企业合作的过程中，该企业有没有商业欺诈？有没有资金押款？有没有超越同行业的不合理条款？有没有合同执行不到位的情况？

6.5.4 竞争分析与决策方法

世界上没有“十全十美”的产品，要想做一个技术绝对领先、别人无法模仿、质量稳定而可靠、价格比同行低的产品的可能性非常小。我们的产品总有一项会相对劣势，而且几乎很难长期隐瞒。**因此我们在做竞争分析的时候，就要学会“扬长避短”，既要阐明我们的优势所在，又要淡化“劣势”的影响。**

从思路上来说，我们的目的不是提供比对手更“好”的产品，而是提供比对手更“合适”的产品。我们可以承认A公司的产品比我们好，B公司的产品价格比我们低，但是我们认为他们的产品并不符合某个市场需求，因为该行业有其特殊性。这样可以避免很多无谓的争执，尤其是我们能够提供如下对比：

	A公司	B公司	C公司	我们
采用技术	最先进	比较先进	一般	比较先进
产品质量	高	较高	中	较高
产品价格	高	中	较低	较高
特色工艺	原厂芯片	抗电磁辐射	普通工艺	抗化学腐蚀
服务能力	较弱	较强	强	较强

在上表中，我们和B公司的技术、产品、服务能力水平相似，而且B公司的价格比我们还要低。根据分析，B公司的产品强于“抗电磁辐射”，而我们强于“抗化学腐蚀”，因此我们的产品在石油石化、化工、空气污染重的地方更实用，这些行业和地方就是我们的目标用户。

6.6 你的项目会遇到哪些风险？

在市场经济中，天下没有稳赚不赔的项目。很多科研人员的项目，很多大学生的创业项目，往往说不清“风险”所在，这其实才是最大的风险。在项目运作中，可能会遇到的风险和处理方式包括但不限于：

■ 法律风险、政治风险：红线，坚决不能碰。

■ 金融政策的风险：紧盯最新的政策，跟同行们齐步走，保障企业的财务安全。不保守、不当头。

■ 技术成熟度的风险：领先一步是先进，领先三步是先烈。话说得容易，做起来可就难了，尤其是“技术控”创业，步伐不要过快。

■ 行业准入的风险：每个行业都有高低不等的准入门槛，比如产品是否通过测试、各种所需的企业资质（高新技术企业、系统集成、应用案例、CMM等级、双软企业等等），防止“扰乱市场”。

■ 从技术转化为产品的性能风险：实测效果达不到理论预期，甚至通不过入网测试，造成产品延期上市或者无法上市，既要做最好的准备，也要有变通之法。

■ **产品批量生产时的质量风险:** 质量不过关、次品率高。

■ **高端人才风险:** 高端的技术、管理、市场等人才，这个是所有企业的痛点，千万不要迷信专家、学者，不要迷信学历，要不惜重金找有经验的高手。

■ **资金风险:** 钱快花完了，还没有进账，怎么办? 创业的时候，对资金风险的实时监控和把握，才能避免“弹尽粮绝”。

■ **社会风险:** 同行业的突发事件对本企业的冲击，比如“苏丹红”“三聚氰胺”事件等对食品行业的冲击，需要快速反应，设置“防火墙”。

■ **市场竞争风险:** 市场竞争不能算是“风险”，而应该是“常态”。需要学会市场竞争对手的各种分析方法，用以将市场竞争风险降到最小。

以上所有这些风险中，最大的风险其实来自于人。如果在创业团队中有实战派人才，那么这些风险也会被及时规避或者处理。

6.7 你们团队的介绍

6.7.1 你们是谁——企业基本情况

用比较精练的话语讲清楚以下这些问题即可：

■ 公司叫什么/公司在哪/公司是什么性质？

■ 公司股东有哪些/控股结构是怎样的？

■ 公司主要业务是什么？

■ 盈利模式是怎样的？

■ 公司员工组成是怎样的？

下面以武汉高天技术有限公司为例：

案例：武汉高天技术有限公司成立于2012年，是位于武汉市东湖新技术开发区的一家以提供物流行业信息化及系统集成服务的高新技术企业。公司注册资金1500万元，年营业额5000万元。

该公司现有员工70余人，平均年龄30岁，骨干员工以80后为主，本科以上人数占50%以上，大专学历占45%。其中企业核心团队均为“985”“211”高校的博士和硕士，研发团队均为硕士和本科生。开发、推广及服务团队占据了企业70%以上的员工比例，是典型的哑铃型企业结构（研发市场重，行政管理轻）。员工的专业背景主要有计算机、通信、物流管理、电子商务、电子政务等，和本企业的业务契合度高。

公司的股权架构如下表所示：

持股人	职务	投入资金（万）	持股数	持股比例
张齐林	董事长	510	510	51%
李东	总经理	250	250	25%
王丽娜	副总经理	150	150	15%
员工持股		期权	90	9%
合计			1000	100.0%

6.7.2 核心团队成员要有“投名状”

见过很多创业项目的《商业计划书》，把团队成员列出一大串，比如：

总顾问：××院士、××校长

技术顾问：××博导、××博士、××博士、××硕士

创始人：甲（董事长）、乙（总经理）、丙（法人代表）、丁（副总经理）

技术开发团队：××等8人（实际上是项目外包）

市场销售团队：××等20人（实际是学生勤工俭学团队）

面对这样的《商业计划书》，我们一般会问：如果项目失败了，哪几个会去“跳楼”？创业不是请客吃饭，而是逼上梁山。

只有递交了“投名状”的人才能在《商业计划书》上介绍。所谓投名状，就是掏了真金白银的人或者全职入伙的人。而作为“资源型”的人才，只能在《商

业计划书》的“附件”部分做介绍，甚至就不用介绍。比较好的团队描述是：

张齐林：董事长，占股51%，负责公司整体运营

工作背景：清华大学MBA，曾任××公司总经理5年，系统管理过2000人以上的团队，拥有丰富的企业管理经验，尤其对物流行业的理解很深。

李东：总经理，占股25%，负责系统和技术总策划。

工作背景：中国科技大学计算机系硕士，曾任××公司总工程师8年，技术功底深厚，其主导研发的××产品现在的市场占有率居国内第一。

王丽娜：武汉大学经济管理系硕士，副总经理，占股15%，负责市场推广。

工作背景：曾任××公司市场总监，三年内将公司年销售额从200万元提升到5000万元，市场渠道建设经验丰富。

附件：我们公司的外部顾问清单

××院士、××校长、××博导……

6.7.3 你们能做什么？有什么核心竞争力？

企业的发展潜力可以有很多种，比如人才、技术、管理、盈利模式等，但是核心竞争力还是体现在技术积累和市场表现上，比如高天公司的这段介绍：

高天公司主要经营范围包括：物流管理软件及平台的开发与运营维护、信息服务外包、网络系统集成、管理信息咨询、电子产品的研发与销售。目前公司已建成了基于云计算的“高天一号”物流业务管理系统，为物流行业各类用户提供专业化的业务管理信息服务和电子商务服务。经过三年多的积累和运营，高天公司已经有发明专利8件、实用新型专利12件，“高天一号”系统已得到500余家物流及运输公司和5万物流司机的广泛应用。

“企业潜力”和“核心竞争力”是不一样的。几乎每一家创业公司都有“潜力”，但是能把“潜力”变成“核心竞争力”的公司并不多。就像一个学生无论多么聪明，如果这个学生不好好学习，取得不了好的成绩，就没有核心竞争力。

6.8 你的项目需要多少融资，准备干吗?

如果有人问你项目的发展阶段，那么就要小小地恭喜你了：他对投资你的项目可能会有兴趣，而不同的发展阶段会有不同的投资策略。

如果你有了“idea”就到处融资，以为高喊一句“我有一个idea”，天上就会掉钱给你，这是被人所严重误导的。如果你是成功后的马云，你说“我有一个idea”，这可能会有很多人抢着给你投钱。即使是马云，在成功之前融资也是到处碰壁。凭idea融资成功的人也不是没有，但是概率太低。

6.8.1 融资天条：自己不掏钱，别人更不会掏钱

在项目最初期的时候，项目资金主要就是自己掏钱，或者找亲朋好友借钱，金额少则10万~20万（种子轮），多则50万~200万（天使轮）。谁是天使投资人？流行的说法是3F，即家人、朋友和傻瓜（Family、Friend、Fool）。如果你连自己都不愿意投钱进去，或者你连你的家人和朋友的资金都融不到，那么只能说明你对自己的项目没有信心，或者你的人缘太差，投资人不敢投钱给你。

投资人评估项目的一个重要因素是看你之前投入多少钱，以及资金的来源（需要提供相关的证明）。如果你为项目把自己的房产做了抵押，那么投资人可能会对你稍加关注。只有自己先跳水，别人才会考虑是否给你救生圈。武汉悦然心动公司的创始人颜庆华回武汉创业时，卖掉了南京的房产，他的夫人挺着大肚子和他回到武汉的学校租房。投资人看到他这种情况，再加上他自身过硬的素质和条件，当场就决定给他投资，现在他的项目进展得非常好。

投资泡沫大的时候，有人的确没花自己一分钱，通过“讲故事”拿到投资，但是这种概率比较小。如果是自己看好的项目，最好自己投资，这不仅是给投资者信心，也是给团队合伙人信心。

6.8.2 不同的发展阶段，不同的融资策略

我的项目需不需要融资？何时需要融资？需要融多少资？找谁融资？融资之后干什么？这是每一个创业者都要面对的问题。

创业者要有情怀，也要会“讲故事”，但是这是在项目的最初阶段（从种子轮到天使轮）。从A轮融资开始，创业者就要实实在在地用数据说话。有些公司运营几年之后还是拿不出像样的数据，还在用情怀和故事“融资”，最后只能贻笑大方。

对于创业者来说，《商业计划书》是非常重要的文件，它不仅仅是融资需求，更是企业发展规划的路径图，没有《商业计划书》的项目几乎不可能成功找到投资人。后面我们将会着重探讨《商业计划书》的撰写技巧和方法。对于已经运营了1年以上的企业来说，能够提供各种报表也是必不可少的融资要求。

有的创业大赛要求创业者（甚至还是学生）从创意阶段就要提供《财务报表》。也有的公司做了好几年了，都不能提供财务数据和用户数据。这两种情况都不大合理，但是在如今社会却屡见不鲜。

下表很直观地给出了项目发展阶段与融资性质、融资规模、融资目的、投资人关注点之间的关系。具体的融资数额和项目类型有关，但是总体框架可以参考。

项目阶段	个人idea	3人小团队	小微企业	小型公司	中型公司	大型公司
融资性质	种子轮/天使轮	天使轮	天使轮/A轮	A轮	B轮	C轮
投资方看重	人和创意	团队和项目	团队和运营	企业规模、公司财务、产品成熟度、用户量、市场占有率、销售额等		
融资时需要提供	项目的简要说明	完整的《商业计划书》		《商业计划书》、财务报表、运营数据		
参考融资金额（人民币）	10万~20万	20万~200万	200万~2000万	1000万~5000万	5000万~3亿	3亿以上
融资来源	自筹/天使投资		天使投资机构	相关的投资人、投资机构、上市公司等		
投资和运营的目的	创意验证与可行性测试，找到市场切入点		深耕市场切入点，形成商业模式	将商业模式向陌生市场快速复制	迅速扩张、为上市做准备	完成上市前的准备

6.8.3 空口无凭：从《商业计划书》到《运营报表》

从项目可信度来说，仅仅提供“创意”不如提供《商业计划书》，而《商业计划书》不如提供《运营报表》。无论创业者提供什么材料，和投资人面对面的沟通才能是最重要的。

有经验的投资人，通过看《商业计划书》就能对这个团队的实力甚至团队素质心中有数，通过5~10分钟的面对面沟通基本可以得出结论。其实《商业计划书》用不长的篇幅就能够反映出创业团队对市场、对技术、对运营、对战略的把控和理解能力。

没有一个创业者天生会写《商业计划书》，每个人都是在摸索中前进。有的创业者最初只能提供粗陋的《商业计划书》，但是由于积累足够多，学习能力强，在短时间里面就能优化出完整的《商业计划书》，这样的创业者，也非常受投资人青睐。

如果你的项目已经运营1年以上，而且已经拿到了天使轮的投资，那么再融资时就必须提供一些报表，这些报表包括但不限于：

1. 公司的人员清单和员工基本信息。

2. 公司的财务清单（能够详细反映公司的财政状况和资金去向）。

3. 市场运作清单：开拓的市场信息和产品信息（最好能提供竞争对手的相关数据用于对比）。

4. 研发技术清单：企业的专利和知识产权数量等。

5. （互联网平台）的用户数据，包括但不限于用户总量、日活量等。电商平台、游戏、手机APP等还有专门的数据要求。

……

有的企业到融资时才想到要做《商业计划书》和各种报表，最后报表很难合格，这肯定不对。其实，哪怕报表很难看也比没有报表强。一个合格的创业者必须重视企业运营状况，应该把经营压力传递到企业中的每一个人，不能临时抱佛脚。做报表的目的不应是为了融资，而是应该为企业更好的经营提供支撑。

很简单的道理：如果一个人的项目运营1年花了300万，但是他既不告诉你钱花到哪里去了，又不告诉你之前花钱的成效如何，你还敢投资他吗?

很多企业之所以不能顺利融资和上市，就是因为提供不了合格的运营报表。虽然并非所有企业和项目都适合融资和上市，但企业也不能够因此而放松经营要求。比如华为、娃哈哈、方太等，虽然没有上市，但是管理一样非常规范。他们对企业管理的要求一点也不比上市公司差，而且这些企业的报表做得绝不含糊，压力传递到每一个人。

6.9 你们还需要什么样的帮助?

只有对项目非常了解的人，才能提出合适的需求。就像一个对自己很了解的人，才知道自己应该找什么样的伴侣。有的人介绍项目时，将项目介绍得几近完美，而当别人问他“有什么需求”的时候，他要么会一时语塞，要么说“只要给我1000万，我就能把这个项目做起来”“我的产品好得很，找几个销售人员就能够拿下全国市场”等，妄自菲薄和妄尊自大瞬间转换，这样都是不靠谱的表现。

6.9.1 技术需求与开发外包

创业者首先要明白，技术和技术团队在项目当中究竟占多大的分量，技术是整个项目的补充，还是构建项目的基础?如果你只是在淘宝网卖产品，那么你多半不需要很牛的技术开发人员；但如果你是自己建了一个电商平台并且自己运营，那么你们团队中必须要有很懂网络平台技术的人。这个人应该具备一个成熟的产品经理或者系统架构师的水平，清楚地知道哪些东西必须自己开发，哪些可以外包开发，哪些可以直接采用成熟的产品模块，并且由他来提出具体的技术需求。

系统开发到底要不要外包？这是一个很纠结的问题。其实很多外包团队现在苦于转型无门，做外包越来越难。而需求方既想通过外包来降低成本，又不敢让外包团队了解太多核心内幕。但是自己养开发团队成本也很高——一个开发人员的工资是销售员底薪的好几倍。

我们的建议是：创业团队要想提出恰当的技术需求，**一定要有1~2个技术成员成为核心合伙人**（比如一个负责硬件，一个负责软件；或者一个负责前端，一个负责服务器端；或者一个负责IOS，一个负责安卓等）。寻找这样核心团队，不要吝啬于花钱，系统总体架构设计得好，后期的运营和维护成本才会降低。

而对于从事开发外包类型的创业团队来说，一方面在诚信的基础上做好本职的外包开发工作，另一方面也要寻找机会，从外包方逐步向架构设计方和运营方转型。这样才能够保持合理的团队经营利润。团队的人才结构也要从纯技术团队向“技术+管理+运营”的综合型团队转型。

6.9.2 市场需求与渠道合作

很多技术类创业团队，花费大量的精力和成本进行产品开发，自认为做了一个天下第一的好产品，然后就开始自信满满地寻找市场渠道和销售人员。但是当他们和销售人员、市场渠道方打交道的时候，却发现双方的沟通不在一个频道上。如果你的产品设计从一开始就没有瞄准市场的需求，那么你在做市场推广的时候，就会非常困难，而这个与你的产品是否先进、质量是否上乘、成本是否很低并没有多大关系。

销售和渠道的思路很“简单直接”，他们只关心你的产品好不好卖，以及怎么拿提成？如何拿？怎样判断产品是否好卖呢？这就要从这几个维度考虑：

1. 市面上有没有类似的产品？——如果是空白市场，一般没有人愿意直接触碰，除非有人愿意砸钱做各种营销推广活动。

2. 行业市场中有没有形成垄断寡头？——如果有很强势的垄断寡头，无论你的产品价格多么低，质量多么好，他们也不敢冒进。

3. 如果行业中有很多类似的产品，但是没有形成垄断寡头，那么这类产品好卖吗？不好卖的原因是什么？

4. 你的产品跟行业中已经有一定市场份额的产品相比，优势在哪里？销售和渠道眼中的“优势”就是指在相同质量的情况下，你的成本比市场普遍要低，中间渠道所能拿到的提成和返点高。

5. 如何建设你的品牌？有的人认为“我的产品成本低，因为我不做广告”，其实这种思想是错的。如果你不做广告，那么别人获得你的产品信息的成本就非常高，不可能找到好的渠道。有的产品天天在电视上轰炸式地做广告，其实不光是做给用户看，也是做给渠道商看（想想那些一夜之间轰炸所有媒体的广告，比如脑白金）。

……

了解市场和渠道心中所想，那我们提市场渠道的需求就会相对简单，无非描述清楚下面几个问题：

1. 我们的客户到底是谁？比如“30~45岁的职场女性”、比如“高考前3个月需要冲刺辅导的学生”、比如“年营业额在1~2个亿，企业规模在50~100人之间的高科技小型企业”等，让人一眼就能够迅速画像，迅速判断市场潜力。

2. 我们的优势是什么？最简单的说法是：我们不比市场上那些知名产品的质量差，而我们给你们的价格是他们的1/3，你们的对外报价比他们低

20%。市场渠道的思维模式类似于“打土豪、分田地”，越是简单直接，沟通就越是顺畅。

3. 关于企业品牌，造势、做活动、请嘉宾等都会被品牌带来直接效益。不要以为做广告是乱花钱，做广告有时候是给渠道看的，让他们相信我们的实力，否则不做广告带来的渠道沟通成本和时间成本才是无穷大!

6.9.3 人才需求与团队建设

很多企业热衷于招聘“全才”，要求这个人才精通技术、市场、管理、团队建设等。很多创业老板重金从大公司挖一个大牛过来之后，就做甩手掌柜，这样肯定是不对的。

红花也得绿叶配，无论多美的花，在不适合它生长的环境中也不能存活。做花草树木的移植尚且需要把泥土一起移到新地方，何况挖人呢？一个年薪百万的总监，他的副手和助手是什么级别的？月薪3000？几个年薪百万的人在一起开项目分析会，做他们的会议记录的人年薪应该至少在十万到数十万的级别，否则月薪3000的人能明白他们说话的内容吗?

很多人才挑选公司，不仅是看公司的薪酬，也需要看公司现在的员工的薪酬。老板对现有员工的态度，就是老板今后对你的态度，无论他现在对你的态度多么好。

公司在选择人才之前，一定要对他“画像”，就是说他必须具备哪几个能力，如果缺少这个能力就不符合岗位需求。比如找一个互联网产品经理，就要求他必须在BAT等公司做过类似产品的产品经理，而且做过15人以上的开发团队的负责人不低于两年。

6.9.4 帮我的项目合理估值?

先看看两个常见的场景：

场景1：在看到“××项目融资××万美金，估值××亿美金”的消息传来时，很多人都会琢磨“他的项目凭什么值那么多钱？我的项目值多少钱？怎么评估我的项目呢？”

场景2：今天下午就要见投资人了，我该怎样向他开口要钱呢？要500万还是1000万？给他多少股份？投资人压价怎么办？

每一个创业者都不能绕开项目“估值”问题，但是如果创业者整日想着“估值”，就可能本末倒置！估值是你这个项目运作的好的结果，而不是原因！

其实，“我的项目值多少钱？”这个问题应该分解为下面几个小问题，把这几个小问题回答清楚了，估值就有谱了。

1. 我想做成什么事?（符合SMART原则，数据和时间点清晰可验证）

2. 做这件事需要花多少钱?（财务预算符合常识）

3. 做这件事已经花了多少钱?（前期财务报表经得起查）

4. 业界的平均水平如何?（竞争分析，可以做SWOT）

5. 出让股份比例是多少?

下面逐一分析作答。

1. 我想做成什么事?（符合SMART原则）

答：我想用半年时间，让我的APP用户从50万拓展到500万。（时间点、目标务必清晰而且有时间点和具体的数据支持，一般来说融资的底线就是半年到一年需要花的钱）

2. 这个项目需要花多少钱?（财务预算）

答：为了达到我们的目的，我们需要：

市场人才储备：3个月到位市场总监1位，线上营销10位，线下拓展20位。

技术人才储备：研发人员8位，维护人员5位，加上现有的人员工资共××万元。

市场拓展活动：每个月3场，每场预算××万元，合计××万元。

新增省外办事处5个，每个需要××万元。

其他费用××万元。

以上工作合计需要××万元。

3. 项目目前已经花了多少钱？（前期财务报表，天使轮可以不需要，但是A轮、B轮肯定要提供）

答：为了获得现有的50万用户，我们付出了1年时间，研发费用200万元，市场推广费用500万元，获得每个用户的成本是12元。

换言之半年内用户量到500万可能要花6000万元，这个数据必须和问题2的财务预算一致！或者说明后期的用户拓展会越来越容易/难，因此财务预算会有偏差。

能提供前期详细的财务报表。

4. 业界的平均水平如何？（对比SWOT分析）

答：业界获得用户的平均成本是30元，远高于我们。换言之我们获得的用户量如果倒给别人可以直接赚钱！（如果我们获得用户成本比业界平均水平高，那我们的项目运作很可能会有问题，换言之做的事情是“亏本”买卖，融资就会变得很困难）

5. 出让股份。

从天使轮到A轮、B轮，创业者应该都是该项目的最大股东。几轮融资下来的出让比例之和一般不超过49%。换言之，每次融资出让比例应该在15%左右（10%~20%都可以，看情况而定）。

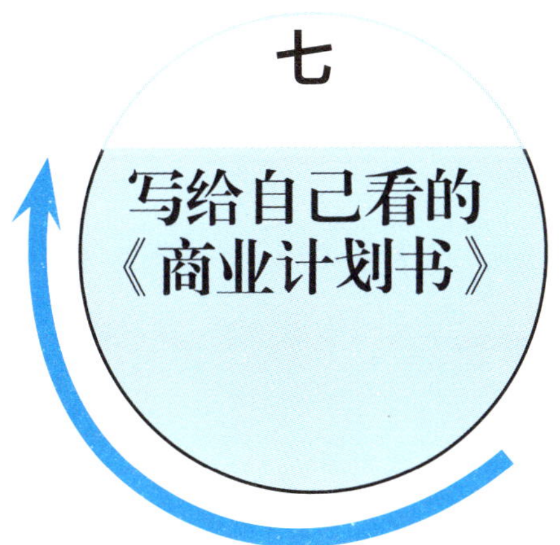

七 写给自己看的《商业计划书》

《商业计划书》其实是创业项目的《隆中对》和创业路线图。当你觉得写《商业计划书》还很麻烦的时候，你的创业项目很可能存在明显缺陷。好的创业者遇到好的项目，写《商业计划书》往往能一气呵成。能够提供篇幅简洁、逻辑清晰、用词精准的《商业计划书》创业项目和创业者，往往会拥有更多的机会。

7.1 写《商业计划书》的目的

任何一个创业项目，都离不开《商业计划书》。如果没有《商业计划书》，就无法进行项目评估、项目交流、项目推广、项目融资。《商业计划书》既是创业团队的项目规划，也是对外合作的“信任状”。《商业计划书》必须由创业团队共同完成、共同确认，并且把它作为项目发展的路标，是纲领性文件。有的创业团队等到资金不足时，才慌慌张张地写《商业计划书》向投资人融资，这是不对的。《商业计划书》不仅是写给投资人看的，更应该是写给自己看的，是对自己负责。

很多人不清楚写《商业计划书》的目的，不清楚写作的要点和技巧，很多好的项目被写“糟蹋”了。创业者虽然也不应该把主要精力放在《商业计划书》的撰写上，但是如果连一份靠谱的《商业计划书》都提供不出来，又何谈创业呢？

站在投资人或者项目合作者的角度考虑，一个连《商业计划书》都不能提供的创业团队，或者连《商业计划书》都逻辑不清、思路混乱的项目，他们怎么敢投资、怎么敢跟你合作呢？

《商业计划书》绝不以篇幅取胜。冗长的篇幅只会给人以“重点不清，层次不明”的感觉。越是好的项目，越是好的《商业计划书》，就越是简洁清晰、重点突出、一目了然。

7.2 直面投资人的“九大疑问”

要让“投资人”愿意和你的项目“勾搭”在一起。

那么作为一个投资人，他要了解、评估一个项目，必然有下面的问题要提出，我们不但要了解这些问题，还要了解通过这些问题，投资人想判断什么。

1. 你是谁？（评估你的背景实力还有人品）

2. 团队有谁？怎么分工的？（了解你们的管理模式和团队能力是否互补）

3. 你是做什么的？（理解你们的产品与服务）

4. 为什么要做这个？（有竞争切入点、有市场前景吗？）

5. 你什么地方比对手强？（对竞争对手了解吗？）

6. 这些优势有门槛吗？（有对方无法短期复制的竞争优势吗？）

7. 你如何让“优势”与“需求”对接？（有打开市场的渠道吗？）

8. 你满足这些需求能赚多少？（盈利模式成立吗？）

9. 你能给我的回报以及可能的风险是什么？（你靠谱吗？）

在明晰了投资人对项目需要看的内容之后，你就需要把它们体现在这三个方面：

《商业计划书》word大全版

《商业计划书》PPT宣讲版

路演宣讲与问答技巧

7.3 《商业计划书》word大纲版

依据上面的9个问题，我们的阐述思路就可以梳理为：

公司基本情况→管理模式→找到切入点→进行市场/竞争对手分析→产品研发→运营→市场运作→财务状况→规避风险。

与网上搜到的各种大纲对比，我们在商业计划书大纲中又增加“产品运营（传统行业也就是产品制造）”以及“财务状况”作为总结。

于是，现在我们把写《商业计划书》归结为回答如上9个问题。

---------我是完整的《商业计划书》大纲 ↓ ---------

特别提醒：大全版《商业计划书》，其实很多内容没必要出现在你的《商业计划书》中，这是一个大而全的提纲索引。

- 第一章项目概述（提供一个简要概述，让对方快速看完了解项目，应该控制在三页以内）
- 第二章 基本情况篇

    公司全称

    公司位置

公司性质

公司股东

控股结构

主要业务

盈利模式

公司员工组成

公司财务

公司近期目标和长期目标

■ 第三章 公司管理

公司管理体系

设立哪些机构及相关的人员配备

管理层及关键人员将采取怎样的激励机制和奖励措施

管理层的薪酬，是否有员工持股计划

公司是否建立员工培养体系

对有关知识产权、技术秘密和商业秘密采取的保护措施

公司是否存在关联经营（大学生创业不需要）

■ 第四章 产品分析

产品特色和卖点介绍

是否拥有专门技术、版权、专利、配方等

说明本产品是否需要通过标准或认证

产品与同类产品的比较

本公司产品的新颖性、先进性和独特性

重点说明在性能、价格、售后服务和技术支持等方面的优势

本公司产品技术指标与行业内五个主要竞争对手的比较

第五章 行业分析

机会窗口

市场前景

受众客户

使用的目的，为何购买

列出产品的前三大客户类型，以及他们的购买力

所投资的产品行业目前所处发展阶段

更新换代周期

影响行业和产品发展的因素

过去3 ~5年各年全行业销售情况，列明资料来源

未来3 ~5 年各年全行业销售收入预测，列明资料来源

公司未来3 ~5年的销售收入预测

第六章 技术研发

公司产品研发模式的介绍，如何控制研发的成本

已研发成果及其先进性

开发方向

公司在研发方向的资金总投入

计划再投入的研发资金是多少

列表说明购置开发设备、开发人员工资、试验检测费用以及与开发有关的其他费用

现有人力资源

未来对研发队伍有怎样的激励机制和措施

未来3 ~5年在研发资金投入和人员投入方面的计划，列表说明

■ 第七章 服务运营

公司目前的维护人员多少，服务效果如何

具体的服务形式以及服务体系的介绍

如何控制服务成本

服务质量的管理体系

■ 第八章 市场方案

产品的切入目标人群细分

产品定价方式

产品整体市场推广方案

产品销售成本的构成

销售价格制定依据和折扣政策

销售网络、广告促销、设立代理商和售后服务方面的策略和办法

对销售人员采取的激励和约束机制

竞争对手的销售方案及对策

短期销售目标

长期销售目标

列表说明市场份额和营业额的预测

■ 第九章 财务状况

列简表说明公司在过去的基本财务数据（主营收入、主营成本、主营利润、管理费用、财务费用、净利润、补贴收入、总资产、总负债和净资产，主营产品的盈亏平衡点、毛利率和净利率）

说明财务预测数据编制的依据

在这个依据下，提供融资后未来3 年项目盈亏平衡表、资产负债表、损益表、现金流量表

说明与公司业务有关的税种和税率

公司享受哪些优惠政策，由谁提供

■ 第十章 风险

详细说明创业中可能遇到的政策风险、研发风险、市场开拓风险、运营风险、财务风险、对公司关键人员依赖的风险等

如何量化这些风险

这些风险的对策和管理措施

决策后风险是否降低，程度如何

最终投资风险有多大

■ 第十一章 融资计划

融资目的和额度

说明拟向投资者以什么价格出让多少股权，作价依据是什么

资金用途和使用计划

列表说明融资后项目实施计划，包括资金投入进度、效果和起止时间等

说明投资者可享有哪些监督和管理权力

哪些方式参与公司事务及参与程度

说明公司将为投资者提供怎样的报告（如年度损益表、资产负债表和年度审计报告）

说明投资的变现方式，上市、转让、回购等

说明融资后未来3 ~5 年平均年投资回报率及有关依据

■ 第十二章 关键进度表

详细列明项目实施计划和进度，注明起止时间，已完成成果，计划完成目标，各项目资金投入，各项目资金产出

7.4　《商业计划书》的PPT宣讲框架结构

《商业计划书》PPT主要用于路演时候的宣讲，需要在较短的时间内，用最简单直接的语言来阐述项目，吸引投资人进行更加深入的交流。此类《商业计划书》PPT可谓“麻雀虽小，五脏俱全”，其内容涵盖了项目的主要方面。项目值不值得做、考虑是否周全、团队是否合理、盈利模式与发展空间等关键问题都能够反映出来。

我们制作了一份可以用于对创业项目的评审的《创业项目评审打分表》。对照这份打分表写宣讲用的《商业计划书》PPT，非常方便实用。反过来看，这个打分表也就是一份标准的《商业计划书》PPT的框架提纲。

一共是10+2个问题，每个问题用一页PPT回答，10~12页PPT就能让《商业计划书》简单明了。

前面总分100分，能够准确回答到70分以上的项目就值得一试。

创业项目评审打分表				
	评审内容	评审标准	分值	得分
常规评审项				
1	我们的项目，究竟是什么?	用一句话讲清楚项目究竟是什么。比如产品、技术、平台、服务……务必精确。	10	
2	我的客户/用户是谁?	客户的定义、属性。比如是集团用户/个人用户，用户的年龄、行业、性别、职业等等，越精确越好。（卖给所有人就等于没有用户，本项得分为0）	10	
3	我们项目的市场总容量，一共是多大？数据来源？（务必可靠）	市场的描述：是新市场/传统市场/细分市场？区域市场？行业市场？年龄市场？一年的总容量最多有多少？至少有多少？数据来源与推算过程务必可靠。符合逻辑和常识，或者权威报告。	10	
4	我们的竞争对手是谁?	清晰地描述目标市场的竞争态势。各个竞争对手的市场占比，以及针对主要对手的SWOT分析。（没有对手就是没有市场，本项得0分）	10	
5	我们的盈利模式是什么？可以分多大的蛋糕？（上限—下限）	怎样赚到钱？一年最多赚多少？至少赚多少？务必符合逻辑和常识。	10	
6	为什么我们能做这个项目？（核心竞争力）	为什么我们能做？为什么只有我们能做？为什么BATH等大公司不做？如果它们要做，我们怎样应对?	10	
7	我们的团队构成如何？（精兵强将，实用之道）	团队全职人员的构成情况。技术、营销、管理等岗位是否明确。兼职及顾问、外部资源仅作参考，完全不作为团队成员考虑。	10	
8	我们主要投入的成本？（钱准备怎么花 / 上限—下限）	准备怎么花钱？最好有费用预算清单。	10	
9	项目风险分析?	从内部、外部等原因分析项目的风险，并做好风险预案。没有风险就是最大的风险，得分为0。	10	
10	我们需要得到什么样的帮助？（钱、渠道、技术、团队等等）	清晰地描述项目现阶段所需要得到的支持。如果是融资，请表明融多少，所占股份多少，本团队估值的依据是什么?	10	
得分			100	0
以下为加分项				
1	我们现在的盈利情况如何？（重要加分项）	能够提供现阶段的运营账务情况，哪怕是亏损的也行，并且能够指出盈利的主要瓶颈和突破方式。	10	
2	退出机制？（上市？被收购？B轮融资？）	谨慎而务实地描述投资人的退出机制。参考业界相同或相似项目的发展模式。	10	
得分			20	0
总分			120	0

7.5　《商业计划书》实战技巧

7.5.1　对产品的描述要通人性

产品是什么？产品是其创造者对人性的理解的综合体现。我们介绍产品时，务必要把产品和人性结合起来，那么人性又是什么呢？

人对三种东西永远无法抗拒：偷懒、炫耀、占便宜！

如果你不了解这一点，就会陷入产品描述的常见误区，包括但不限于——

1. 沉迷于对客户解释技术、产品、方案……

2. 挑战甚至攻击用户已经形成的习惯。

3. 我们的产品是业界唯一的、世界首创的、性能最好的……

◆提示：客户永远不会在乎你怎么做，他只在乎他能享受到什么！

那么应该怎样来介绍我们的产品呢？比较好的说法包括：

1. 我们的产品是××（采用大众都听得懂的语言描述，不要用术语）；

2. 我们可以让您更舒适和简单地得到某种服务（使用产品前后的流程图对比）；

3. 我们可以让您获得更多的某种利益（算财务账）；

4. 我们可以为您减少××的财务成本、××的时间成本（财务账、时间账、人工账）；

5. 上述每条最好都能用数据说话！

7.5.2 市场容量用数据说话

在市场容量的描述中，务必要求数据来源的真实性和准确性。通过对市场的分析和行业细分，逐步收敛出目标用户。

我们以某省物流行业的市场容量为例来说明：

根据工商税务部门登记信息，截至2014年底，全省有7500家物流行业的企业，其中2500家是纯运输企业，5000家是物流企业。在这5000家物流企业中，规模以上的物流企业（AAA以上）有100多家。（拥有至少20台车、20条线路、1000万元以上的年营业额），其余4800家都是中小型的物流企业。2014年全省物流行业总营业额近4万亿元。

根据企业的功能不同，可以把物流企业划分为仓储物流、配送物流、商贸物流、运输物流、快递物流和专线零担物流等类型。我省这些类型物流企业的数量和业务范围如下表所示：

类型	数量	业务范围
仓储物流	每个城市1~2家	大宗商品（钢材、煤炭、家电等等）
配送物流	每个城市1~2家	基于仓储物流的分发
商贸物流	每个城市1~2家	以片区、生活物资、批发市场到商超
运输物流	2500家	单纯的货运企业
快递物流	5~8家全国性企业	单件居多，占整个物流行业8%的营业额
专线零但物流	4500家	运输线路长途、短途均有，货物范围繁杂，支撑上述物流企业的正常运转。约占全省物流行业营业额的70%以上。

我们的目标客户是以“专线零担物流”为主的中小型物流公司，大约是4500家。他们在企业运营中的主要痛点是××，我们的解决方案就能够为他们解决这些难题。

7.5.3 盈利模式的三大关键词

简单、高效、舍我其谁!

◆简单：你不是马云、马化腾，你的团队也不是阿里巴巴或腾讯，创业初始阶段的你做不了那种需要整合大量资源才能完成的项目，所以盈利模式就不要做得那么复杂。记住，千万不要把项目成败的关键寄托于“资源”的调用，那些所谓的“资源”，在关键时刻往往用不上，真正能顶上去的还是创业团队的核心能力。能把复杂的事情变简单的项目才是好项目，而非相反。

有的创业者，生怕别人认为他的项目太简单了，生怕别人以为他的资源太少了，故意把事情讲得很复杂，绕很大一个圈子，而不会用大家都听得懂的语言来描述。这样的出发点，焉有不败之理!

◆高效：这里的“高效”指的是资金的周转速度快，无论是花钱还是收钱都能快速安全地处理，不必等待“走流程”。对于创业者来说，在不违法乱纪的前提下，“目光短浅、急功近利、短期利益”也许是“褒义词”，今天的晚餐吃饱就是比明天的早餐吃好更实惠，能早点装进荷包的钱就一定要早点装进荷包。

有的从大企业出来的创业者，想利用老东家的“资源”来创业，开个小公司陪着大公司玩，很多项目要走大公司的流程，这样的“创业”得不偿失，成长空间有限。

◆ **舍我其谁：也就是“核心竞争力”**。比如前面所说的“简单”，指的是只有我们团队才能把事情做简单，如果别人做就不行；比如“高效”，指的是这事情只有我们做才能如此高效，别人做就不行。这样的“核心竞争力”，往往来自于创业之前的积累。比如团队拥有真正有商业价值（也有专利）的产品和技术、广泛的市场渠道资源、丰富的团队管理经验，甚至是已经通过其他项目磨合好的执行团队等。

有时候也要注意“说者无心，听者有意”，毕竟盗取项目信息另起炉灶的事情时有发生。所以在阐述盈利模式的时候，一定要有“舍我其谁”的准备和气势，这既是“宣传”，也是“吓阻”。

八 项目展示（路演）实战技巧

“台上五分钟，台下十年功”，如何用最短的时间把项目重点讲清楚，无论是面对投资人还是面对用户都需要用到的能力。有的创业大赛把“路演”异化为PPT演讲比赛是肯定不对的，好的路演必须得有好的项目做支撑。我们反对“忽悠”投资人，但是和投资人的互动还是需要很多的技巧，能够让你的项目得到最得体的展示。

8.1 投资人和创业者究竟是什么关系？

为了创业项目的推广和融资，需要在很多场合（从点对点交流、创业私董会到大型会议等）做项目展示，路演是最主要的展示方式之一。路演需要通过几分钟的PPT宣讲和互动问答，让听众了解你的项目，达成包括投资、资源对接、人才输送等方面的合作意向。

很多人都在抱怨路演时间太短（一般是5分钟的宣讲+5分钟的互动问答），项目的情况不能讲清楚。实际上在你把项目情况都梳理好之后，“5+5”模式进行项目路演绰绰有余。虽然我们认为项目的操作不能够完全以投资人是否喜欢为标准，但是既然路演的目的就是吸引投资人投资，那么通过一些技巧来提高路演的效果和效率是非常必要的。

在很多人眼中，前5分钟宣讲是“忽悠”模式，恨不得把所有卖点都塞进去；后5分钟的问答是“被拷问”模式，完全靠猜。这样肯定是不对的。

投资人和创业者之间既不是忽悠和被忽悠，也不是施舍与被施舍的关系，更不是指挥和被指挥的关系，而应该是平等的项目合作关系。

八　项目展示（路演）实战技巧

由于信息不对称，这个世界上有很多的好项目找不到投资人，也有很多投资人找不到好项目，他们都在互相寻找对方。“路演”就像是投资人和创业者之间的“相亲”活动，双方需要在很短的时间找到让自己“心动”的东西，那么究竟应该如何利用好路演机会呢？

8.2 知己知彼：投资人到底在想什么？

参加路演的投资人都有很强的目的性。他们不仅带钱而来，也带着资源、带着问题而来。对于创业者来说，除了盯着投资人手上的钱，更要在意他能够给你带来哪方面的资源。

投资人的背景不同、资金实力不同、投资的方向不同、投资的口味也不同。有的人喜欢“稳赚不赔”的项目，哪怕赚得少点（国有资产背景的投资人）；有的喜欢投高风险、高收益性质的项目（典型的风险投资，“赌性”强）；有的喜欢投相对成熟的行业；有的喜欢投机遇和风险共存的新兴行业。毋庸置疑，投资人的最终想法当然是赚钱！

有些大的机构是正在布局整个产业链。比如对于汽车后市场这么一个概念，包括有零配件销售、洗车养车、加油加气、车友会活动、车上生活、车载电子、二手车市场等，他们共同构成了汽车后市场的产业链。有些对汽车后市场很关注的投资人往往已经投了几个项目，来参加路演的目的是找寻另外的项目，补齐整条产业链。如果创业者提前了解到投资人的布局意向和需要补齐的项目，那么在路演的时候就会有的放矢了。

8.3 有的放矢：投资人到底想看什么？

总体而言，投资人70%是看人/团队，30%是看项目。

因为根本就没有“完全靠谱，稳赚不赔”的创业项目。对于投资人来说，哪怕项目再好，如果操作的团队不给力，这个项目也不能投。如果项目一般，但是团队靠谱，投资人可以通过整合资源和运作，将这个项目从“一般项目”包装成“靠谱项目”。

从另外一个方面来说，即使项目失败了，“不靠谱”的团队会让投资人血本无归，甚至反目成仇；而“靠谱”的团队通过项目锻炼了能力、增长了见识，完全能够通过运作另外的项目将之前的投入重新“赢回来”。投资人宁愿让“靠谱的”团队交学费，也不愿让“不靠谱的”团队浪费机会。

所以，团队的实力和诚信比项目本身还要重要。

8.4 玩转路演的“经典三问”

8.4.1 是否所有卖点都需要讲？（做减法）

在路演之前，有的创业者将自己的项目总结了“十大卖点”，然后训练自己在5分钟之内将这十大卖点讲完。这样做的结果就是，投资人一个卖点都记不住！

按照人的思维模式和记忆方式，如果讲1~3个卖点，他基本上都能记住；如果讲5~7个卖点，会记住2~3个，如果讲7个以上的卖点，可能他会把所有卖点都忘光。

因此，当你把那“十大卖点”都总结出来之后，一定要有所取舍。一般来说，根据参加路演投资人的情况，讲清楚5个左右的卖点就够了。

8.4.2 是否卖点都得在前5分钟讲？（分类别）

事实上，在5分钟的时间里很难讲清楚5个卖点，因此还需要再做“减法”。对于那5个很重要的卖点，我们可以做如下分类：

- 不讲投资人知道的卖点和常识，或者尽量少讲，节省时间；
- 主动讲投资人不知道但是很重要的卖点（不打自招）；
- 不是两句话能讲清楚的卖点，那就先只讲结论，等投资人提问再细说（一打就招）；
- 有些涉及敏感信息、台上不方便说的卖点，台上“打死也不招”，台下交流。

经过上述分类之后，那5个“很重要”的卖点又只剩下2~3个必须得在前五分钟描述清楚，剩下的等待投资人提问，在后5分钟完全可以从容应对。这样一来，整个路演的时间就完全在把控之中了。

8.4.3 可以控制投资人的提问吗？（设“陷阱”）

答案当然是肯定的！

前面我们讲“卖点分类”的时候，就知道某些卖点是可以在投资人提问之后再从容展示的。有经验的人，几乎可以判断出投资人80%的问题。

比如在前5分钟讲“我们项目的全国市场容量每年有1万亿”，投资人多半会问“这1万亿的数据从何而来”，你在后5分钟再把这1万亿的计算方法展示出来即可。

再比如在前5分钟说“我们的产品短期内别人无法仿制”，投资人很可能会问“为什么说别人无法仿制”，你在后5分钟再把你们无法仿制的“核心竞争力”展示出来就行。

如此一来，项目路演当然会从容不迫了。

其实这都是一些演讲的“控场技巧”，对于投资人来说，**只有你能控制他们，他们才会相信你能控制住市场和用户！因此你尽管大胆地“挖坑”吧！**

8.5 路演的“终极绝招”

路演的最好效果并不是面面俱到，而是意犹未尽！项目展示的主场不是“台上”，而是“台下”。

如果你在路演的时候把项目的所有卖点都展示出来，那这个项目对于投资人也就没有神秘感了，对他们的吸引力下降。因此你一定要在台上吊起投资人的“胃口”，吸引其到台下来做更具体的、深入的沟通。

九

如何让你的创业项目落地？
——教你开创业公司

作为创业者，一定要将项目、团队、资源等整合之后，再考虑是否要开公司。开公司是创业的最后一步，而非第一步。创业绝不是先开个公司然后拉人死撑，这样的创业无异于自残。因此，我们下面讲述的如何运作一个创业型企业，一定是在仔细考虑过前面所提出的很多问题并得到答案之后才考虑的问题。从创业角度上来说，前面八章讲的是“如何做正确的事情”，下面展开的是“如何将事情做正确”。

9.1 除了开公司，你还有哪些选择？

一说到创业，很多人就想到开公司。但实际上创业除了开公司，还有很多选择。

创业模式	个体经营户	网上电商	加盟代理	开公司
典型模式	个人或者几个人创办工作室型小企业	选择成为一些企业的商品代理	加盟品牌连锁店	联合几个人成立公司
适合领域	适应校园以及特定专业技能市场 对商业票据要求不高的市场	借助移动互联网传播销售的单价不高的产品	生活化领域	不限
优点	低投入、低风险，可以按项目式运作	启动成本低	能享受品牌辐射和广告辐射 能有机会获得标准化管理指导	能开正规发票，承接正规业务 能有机会获得资本投入和创业扶持
缺点	难做到可持续发展	一旦运营需要大量时间维护，需要多种综合能力	高昂的一次性加盟费和其他投入，很难找到创业者够得上的有实力加盟机构	管理运作成本高，一次性投入相对比较高

正如我们在前面提到的，即便是在企业就业，也可以是为今后创业做准备。我们创业时应该多给自己几个路径选择，去请教有过同样行业创业经验的人，问问他们的建议，到底从哪一个方式起步更合适。

像很多文化创意公司，一开始就是合伙人工作室启动，需要开票就去税务开票，等做出规模、业务稳定、团队磨合之后再成立公司。

9.2　公司注册那些事儿

9.2.1　选择合伙人

注册公司其实很简单，在注册公司之前，要想清楚你是一个人干还是几个人一起干？考虑到大部分公司需要“业务+市场”，其他财务可以外包，行政后勤可以兼顾，但至少有一个主管技术，一个主管市场的分工。

合伙人之所以愿意和你一起合作，是因为有公司股份，这个股份在注册公司之前就应该谈清楚。

小公司选择合伙人最麻烦，大家往往是因为冲动而结合，因为了解而分手。

如何才能选对选好合伙人呢？这个没有标准答案，有的人你看不惯，但他有一些你没有的资源，你非得拉他合作；有的人现在不在乎钱，等有钱了你发现他最在乎的就是钱。

人都是会变的，包括我们自己在内，所以**选择合伙人标准如果能做到两条就很好：1.是用得上的关键资源；2.人品互相信任能坦诚沟通最好。**

我们的建议是：小公司创业尽量不要找太多合伙人，人越多越容易为利益而闹得不愉快。

如果选择合伙人，要用文字条款把双方责任、义务、付出、回报方式说清楚，写明白，但作为刚创业的人，很多事情自己都搞不清楚，想写明白太难，所以往往先指望哥们义气一起干，但将来很可能留下各种麻烦。

换句话说一个人不愿意用文字约定游戏规则，他能否成为一个好合伙人，也是个问题。

9.2.2 给公司起名字

注册公司之前，要把自己的公司名称想好。公司起名要考虑的因素很多：

1. 你的经营范围，不同的经营范围公司后面带的名字是不同的。例如是科技有限责任公司，就可以做软硬件、卖产品、做服务。但叫管理咨询公司就不合适卖产品。有的行业，例如叫培训公司，需要申请资质，不是自己想起就可以起的，这方面可以找专业注册代理公司咨询。

2. 公司名称是否想包含中国或者省份开头？如果你要叫中国××公司、中华××公司，是有一些限制要求的，建议去当地工商部门咨询。

3. 公司名称应该好读好记。

4. 名称的可视化，最好容易设计成LOGO，便于别人联想。

5. 名称要有唯一性，先到当地工商网站搜索，看你要注册的公司名称是否被别人占用。

6. 公司名称在微博、微信等自媒体上是否是一个有传播性的好名字，当然也可以在各种新媒体上用产品名作为推广主体。

9.2.3 选择公司注册代理商

公司要成立，得到工商部门审批，同时开通银行账户，有一系列手续要办。现在国家鼓励创业，手续流程越来越简便，很多孵化器也提供免费服务，现在成立公司的注册资金也不做硬性要求。但要想快点把公司成立起来，我们建议还是找一家当地注册代理公司咨询。注册代理公司都熟悉流程，通过他们办理效率非常高。往往是你自己要跑一个月的事情，他们一周搞定，收费也不高，所有程序办下来，也就800~1500左右。

一般代理公司要注册人的身份证原件、公司营业地点证明（一份购房合同或租房合同）、注册范围、注册地点。

他们会推荐你选择他们熟悉的工商税务部门和银行，不过要特别注意，有的代理公司把注册的银行、税务办到和你公司地理位置比较远的地方，后续办理业务会麻烦很多。所以一定要搞清楚他们对口的税务部门在哪里，是哪个银行。

银行基本户最好在家或公司附近，最好咨询代理公司，此外税务要尽量办在当地扶持政策多的地区，这就取决于你在哪里拿的公司租房合同或购房合同。

代理公司不仅仅得帮你办理工商注册，还有银行开基本户，也就是公司的纳税账户，然后到当地的国税地税部门登记，便于后期报税。

很多地方规定一般服务行业，地税一个月一报，国税一个季度一报，但如果做产品经营范围，那么国税也要一个月一报。

所谓报税，不只是关于公司业务，公司没有业务也要报税，只是不用交税。长期延误报税时间，就会接到税务方面的罚款，如果罚款不及时缴清，就要按金额的3%交滞纳金，滞纳金滚起来金额非常惊人。

9.2.4 请个好会计

开公司不能没有会计。会计的作用主要是规范做账。

一般刚创业的小公司没有必要请专职会计，可以请会计代理公司做账。每个月只需要在约定时间把各种财务票据给会计，可以提出你的要求，以便会计更合理地统计成本，算出真实的企业利润（目前税法规定对企业利润征收25%的企业经营所得税）。

一般公司内部做日常经营成本的合规票据有五类：差旅费、交通费、人力工资、办公用品、房租水电费，所以在生活中要有意识收集或开设票据。

在武汉请这样的一个兼职会计，根据你的业务复杂程度在200~600元之间，如果过于复杂，一个月600元都谈不下来，说明公司发展不错，应该请专职会计了。

很多工商注册代办公司也代办会计，或者有熟悉的会计公司推荐，不妨向他们了解一下。

9.3　怎样节约公司的办公成本?

9.3.1　控制租房成本

刚开始创业，最好节约成本。如果在家创业，那把家里的空间和人都利用起来，老爸、老妈管饭管后勤，确实可以节约不少精力和资金。

如果你家不在当地，能否把宿舍或寝室先凑合成办事处，买个打印、电话、传真一体化机器，辅助宽带、笔记本，一切也尽可掌控。

如果公司有了第一笔、第二笔合同，业务可能就渐渐忙起来，几个合作伙伴窝在又是公司又是家的环境中工作，长期下去很难带出职业的正规军。

如果公司准备扩大经营规模，没有一个正规的工作环境，也很难招到新员工。

万一客户想上门沟通业务，那你就尴尬了，虽然客户晓得你刚起步，但看到你公司办公环境，会对后期的合作失去信心。

一旦公司业务走上正轨，就必须考虑为自己的公司租一个商业办公环境。

入驻写字楼，气派体面，天然就有一种精英感。不过写字楼不仅仅是租金高，物业费也相对比较贵。

退而求其次，租商住两用型的楼盘，比如现在流行的Loft户型，这种房间上下两层，装修适合办公，靠马路临街，和写字楼功能一样，租金和普通商品房相同，而且物业费不高。

现在全国各地都在建设创业孵化基地，从创业办公室到员工寝室一并提供，这也是值得优先考虑的入驻选择，里面的水电场地办公家具在一定期限内全部免费，而且还提供创业扶持政策。不过入驻创业基地就有各种检查接待填报表，影响公司正常经营，凡事有利有弊，需要创业者自己衡量。

9.3.2 安装固定电话

公司稳定下来后，根据业务类型，可以考虑装一部固定电话。

固定电话有几个好处：第一，费用低，一般都可以和宽带捆绑，增加费用不多；第二，可以将电话号码印在公司名片上，暗示客户公司有固定办公场所，提升公司形象；第三，如果有员工需要外联，可以使用座机，相对手机更好控制成本。

此外补充一个建议，公司可以买一个打印、传真、复印一体机，足够维持一个小公司日常办公电话打印传真各项需要，投入也不高。

电话增值服务很多，是否考虑开通公司定制铃声，客户打电话，你人不在或者一时不能接，可以录制一段留言提醒各位如何联系你，比如手机号码或其他可以联系的方式。

强烈建议，固话选择当地主流供应商，对公司而言，稳定的服务比节约一点点成本更重要。有些非主流供应商资费便宜，但是如果作为公司固定电话，会让人一看就以为是骚扰电话，反而得不偿失。

9.3.3　添置办公家具

公司开张，人手就慢慢多了，这时就要添置办公用具。公司刚起步，还处于三五条枪的阶段，对家具的要求不必太高，等有了正现金流，再花费在门面功夫上。

到哪里买家具呢?

第一，当地家具城，一般比较贵，不推荐。

第二，电脑大世界家具广场，各种办公家具应有尽有，价格很便宜，而且可以送货上门，推荐。

第三，二手家具回收市场，到百度或谷歌搜索二手家具回收，找你附近的回收公司，可以淘到自己需要的家具。

饮水机、微波炉、电磁炉、咖啡机、电动车等这些小家电也要适当考虑，有的可以节约员工餐饮成本，有的可以提升工作环境满意度，有的能提高办公效率。

一切开支都是为了让公司运营得更好，出色的公司唯一评判标准是：能否赚到钱，而不是看你装修多漂亮，多会花钱!

现在有些创业公司，装修讲情怀，员工讲福利，但是没有充足的资金，就这样烧钱简直就是犯罪!

9.3.4　做好现金流规划

关于创业，很多人往往会低估维持一个公司的最低成本，只考虑房租、日常运营成本还有人力成本，很多“小钱”没有考虑在内，导致需要用钱时现金流准备不足。

我们以下面三个假设为例，用一个案例替大家分析一下，小公司运营一年至少需要多少成本。

1. 假如公司是服务业，全年营业税各种税不超过6%。

2. 假如你是老板兼员工兼会计，就暂不办社保，没有工会。

3. 你公司没办公地，暂时蜗居在你家里。

缴费项目	金额支出	备注
公司基本户管理费用	600元/年	
公司日常户管理费用	600元/年	可选
公司基本户电子对账单自助服务	300元/年	可选
公司日常户电子对账单自助服务	300元/年	可选
各种杂费，如购买发票工商年审	500元/年	
公司各种月定额税费	300元/月	
代理会计记账	300元/月	
城市交通费	200元/月	假定业务来自网络，出门少
通信费（含宽带）	100元/月	
自己工资	2000元/月	
营业税	公司收入的6%	
所得税	无利润，按零计算	

按这个表计算，像这样的小公司，即便什么都不做，一个月的开销就要3000元，如果公司每月收入不到3000元，那么公司就要破产了。

这里的前提还是在公司不请会计、不打点疏通各种关系、不雇用员工、不外出跑业务，创业者拿的收入比普通上班族还低的情况下。

公司要发展，扩大员工规模，那么每增加一个员工，都要考虑按工资费用2倍的预算来核定自己的运营成本。工资支付是刚性成本，考虑交纳社保、管理费用、员工业务活动成本，还有应帮你赚取的利润，按2倍计算并不高。

但即使你每个月现金收入3000元，公司也许还得破产。因为这些钱不是可以分担到每个月慢慢支出的，有的是集中在年头年尾的花销。也就是说，有的月份需要6000元支出，如果公司每个月只有3000元进账，就会出现1个月现金亏空，要么你关门，要么你就得去借钱先补上窟窿，等赚到钱再还，但你得支付利息。

作为创业者要考虑这些支出的总量，每个季度和每个月支出的时间点，进而计算自己的项目启动资金遭遇资金的压力点，要做好统筹规划。

到这里，你就应该学到**财务的第一课，一定要平衡资金**，不是现在这个月平衡，至少要在一个较长的自然周期内（例如一年）是平衡的，那么你对资金的用途一定要不光看到现在的用途，也要看到将来的用途，公司才不会遇到财务风险。

平衡资金，就要求你在外面赚的钱要比你做业务直接支付的成本高，否则你做业务花费了1000元，收入1000元，你的资金是0，哪里有钱支付其他费用？

所以必须做业务花费1000元，这是成本，营业额3000元，这是收入，收入减去成本的2000元，这个费用叫毛利。

做老板的财务第二课就是，一定要有利润。没有利润的生意就会造成亏空，导致现金流出现问题。

为什么说利润是毛利呢？因为按照税法，如果利润当季没有被成本抵消完，那就是纯利润，就必须缴纳25%所得税。所以企业老板还得操心成本账要和利润账尽量持平，这样可以合理避税。

即使有利润也未必是好生意，因为假如一笔钱10000元，投进一个项目可以挣5000元，但要做一年。另一个项目只需要投入1000元，挣200元，但一周就赚到了，那么后者一年能做50周，可以挣10000元，远远超过第一个项目的收益。这种项目就叫资金可以快速回笼快速周转，资金周转率好的项目。假如你的资金周转率不高，那意味着你的公司要做大，会需要进行较大规模的融资。

所以有经验的创业者会尽量选择能平衡现金流、有利润、资金周转快的项目启动，赚到钱再去折腾需要现金流消耗，但做大了能从资本或其他渠道获得巨大回报的生意。

下面的三张表，是创业者都应该努力去消化和理解的。

个体工商户卖热干面收入计算模式一览表

月分项明细	分项金额（元）
收入	
热干面销售收入	11万
成本	
面粉、芝麻、油、煤气水电	4万
人工	
小工工资	0.3万
城管、街道等杂费	0.2万
税收	
定额税	0.5万
纯收入	6万

小公司卖热干面收入计算模式一览表

分项明细	分项金额（元）
主营业务收入	
热干面销售收入	20万
主营业务成本	
面粉、芝麻、油、煤气水电	8万
运营成本费用	2万
管理费用	
员工工资0.5万×3人（含五险一金）	1.5万
门面房租	0.3万
交通、卫生、城管街道杂费	0.2万
纳税成本	
营业税10%	2万
所得税25%（利润=收入-成本-运营成本-营业税）	2万
纯利润	6万
税前月薪	0.5万

连锁餐馆卖热干面收入计算模式一览表

分项明细	分项金额（元）
主营业务收入	
热干面销售收入	50万
主营业务成本	
面粉、芝麻、油、煤气水电	18万
毛利润=主营业务收入-主营业务成本	32万
运营成本费用	16万
管理费用	
店长工资1万×5人+员工工资0.5万×10人	10万
门面房租	2.5万
交通、卫生、城管街道杂费	2.5万
运营成本	
市场费用（发传单，做广告）	0.5万
研发费用（口味改进实验）	0.2万
财务费用（装修贷款15万，两年，月支付利息）	0.3万
运营利润=主营业务收入-主营业务成本-运营成本费用	16万
分项明细	分项金额
税负成本	10万
营业税：10%	5万
所得税：运营利润的25%	4.55万
其他税负：假设固定月开支	0.45万
净利润=主营业务收入-主营业务成本-运营成本-税负	6万

最后一张表格餐馆的纯利润率可以达到12%，这在传统行业是一个很好的业绩。这三张表也相对浅显地告诉大家从个体户到正规公司财务收入计算的区别，值得大家学习、体会。

另外你们可能也发现了，公司规模变大之后，企业家未必就能比做个体户赚到更多钱，但是企业家养活了更多的人，带动了就业和经济发展，这正是他们应该得到尊重的地方。

9.4 做一个靠谱的老板

9.4.1 减少固定成本，增加激励成本

做什么都要花费，开公司需要花费更多的钱。一年什么都不干，都要花钱，这种不管做不做业务都必须花费的成本，叫固定成本。所以创业者需要把固定成本做小，这样来自于资金的压力就小了。

那外出做业务都要花钱怎么办？做成激励成本。

什么是激励成本？

比如一名员工月固定工资是600元，这是每个月你给员工付出的固定成本，然后告诉员工通信费、差旅费，都从业务提成中奖励，这个提成就是激励成本。

有激励成本支出，说明一定有业务进来，有钱赚才有激励成本，没有赚钱就只需要承担固定成本。

9.4.2 养成收集发票习惯

公司运营就要发生成本，但不是所有成本的都可以在会计上计入的。

在会计上一般无条件认可的成本包括：

1. 工资及缴纳的各种社保。

2. 差旅费。你在宾馆的住宿费、长途车票（往返）等。

3. 城市交通费。例如公交、的士的费用，车的油票等。

4. 通信费。

5. 办公用品费。

6. 水电煤气物业费。

7. 固定资产购买。开公司，就要买办公用具，电脑、桌椅等必须要求别人开正规发票，这些必须计入成本。扩大一点，也包括你公司对外购买的一切产品或服务，都需要发票，这些都是真实发生的成本。

9.4.3 管好办公用品

办公当然需要办公用品，现代社会办公用品非常多，看似花费不大，但累积起来也是一笔大费用。

要配齐打印机的墨、打印纸、中性笔、配白板的油性笔。严格养成尽量不打印，用电子文件沟通的习惯。打印非对外文件，尽量双面打印。

图钉、各种文件袋、各种小夹子、回形钉、订书机、订书钉、印章胶泥等，单价不高但经常使用，尽量节约。

工牌、发票夹、记账本等，加起来也是一笔小开支。

还有工作笔记本、便条纸、胶水、剪刀、档案袋、信封、公司文化牌、名片本、笔筒、烟灰缸、废纸篓、卫生纸、卫生工具（抹布、拖把、扫把桶）都是小东西，但基本都是耗材，公司不停运转，这些费用就不停发生，不注意控制，就容易养成大手大脚的习惯，或者公物私用的弊端。

现代办公用品，特别是文件夹、文件盒、文件袋，样式多，外形设计很可爱，有的人喜欢一次买很多备用，想着省得自己以后反复跑，其实没必要，一次性是可以打点折扣，但这些都是成本，花了就收不回。

创业者在刚起步的时候，最不值钱的往往是时间，最值钱的往往是资金来源。等创业者有资金，管理好自己的精力和时间分配才是最关键的。

9.4.4 吃饭是个大问题

新开的小公司，特别是在只有几个小伙计的情况下，千万别忽视吃饭问题。

如果是在家办公，可以搭伙，沾沾父母的光，如果在外面办公，中午、晚上很可能要在公司附近解决就餐问题。所以租房子的时候，一定要考察公司周边的盒饭点。

一般而言，写字楼附近有很多外卖点，创业者要了解每家的价格、菜样、口感等因素，盒饭口味不好、价格贵、卫生差，不但营养跟不上，还容易打击员工的士气。

而且吃饭最好选择公司附近的就餐点，或者方便送外卖的地方，否则为了吃饭要走很远，或者外卖资源紧张，盒饭总是最后送来，也让人头疼。

这些事情，创业者必须操心，不然员工会说：饭都吃不好，还搞什么事？！

9.4.5 提高员工对公司满意度

既然是小公司，人才反而更重要，能不能留住合格的员工，是建立公司竞争力很重要的法宝。这就要想一些办法让员工提高对公司的满意度。

办法1:

为办公室配一个带电和过滤器的饮水机，然后在旁边放上茶叶和速溶袋装咖啡。（建议为每个人每天发一包，这样可以控制滥用，这样过年、过节收的那些礼品就有用途了。）

办法2：

为员工每个月发一卷卫生纸，质量一定要好过员工自己家用的。（10个员工，一个月也就20元钱）

办法3：

坚持天天安排清洁办公室的卫生间，并配上明亮的灯光和密封性好的门。（这个不花钱，但感觉非常好，一个重视厕所的公司一定会重视自己的员工和客户）

办法4：

中午坚持为员工提供工作餐，把订餐权交给他们，你付费，这种福利对员工影响巨大。（这个成本有点高，规模不大的时候，3~5个人完全值得一试，节约工作时间，而且顺便交流工作想法，其实是创造一种非正式沟通的场合）

办法5：

为每个员工每月报销100元话费，考虑到本地资费越来越便宜，对大部分员工，他们几乎都用不完，所以凭票报，实报实销，这样员工在外面打电话时凭空多了一股豪气，我的可以报销，做业务尽管放心打。

办法6：

按月报销当天往返的公交车费。（请员工提供的士或公交卡充值票，可以做财务成本）

办法7：

逢年过节给员工发100~500元购物卡。

办法8：

在时令季节，到果蔬市场购买水果，让员工带回家和亲人们分享。

办法9：

给所有员工统一配笔和本子，好本子可以用一年，笔可以按月发。

办法10：

社保之外为员工办理一个团体医疗险。一个人其实只要30~50元一年。

办法11：

每个月请员工带朋友做一次家庭聚餐（这样便宜，每个人可以分享一道自己的拿手菜），然后一起玩桌游等游戏。

办法12：

经常组织员工参加一些体育活动，尽量利用自己办公室周边的区域免费进行，例如羽毛球，有块空地就可以开始了。

办法13：

在公司订几份有档次的期刊或报纸，大家可以带回家或午休时间去借阅。

办法14：

在办公室把灯光弄得明亮一点，光线不好也会降低工作效率，制造压抑的情绪。

办法15：

假如要装空调，先为员工装，他们会非常感谢你。

办法16：

坚决不拖欠员工工资，绝对保证按时足额发放。这个是关键中的关键。

这些方法都很简单，也好操作，假如你有兴趣，不妨组合几样适合你的办法试试。

9.4.6　聚焦寻找现金流客户

创业者在创业阶段不要相信什么管理大师、管理体系，关键是你是否拥有现金流客户。

什么是现金流客户?

就是这些客户能够在一段时间内给你提供稳定的资金，比方在两三年内，至少一年内可以提供你维持生存的资金，让你可以在一段时间内不至于操心生存，然后才能谈得上发展。

很多公司生存很多年了，我们认为它还是创业公司。因为他的公司根本没有稳定的客户，今年做市场，明年还要重新做新市场。没有稳定可靠的资金来源，就算规模再大，门面再光鲜，也是说垮就垮。

所以创业者要腾出精力专注客户，想办法把客户变成一种稳定的关系或者服务，变成长期合作。没有这样一批客户存在，你的公司永远在创业。

现金流客户的开发过程，时髦的说法就是寻找商业模式。其实很多时候商业模式一目了然，关键是如何说服有资源的人选择你，要用行动证明他们的选择没有错。

至于内部管理，永远是解决了生存压力后的事情，创业投入太多精力做内控基本是无价值的内耗，创业公司要凝聚一切能力去响应客户，把客户忠诚度，哪怕是短期的培养起来，这很重要，也是关键。

9.5 创业者如何培养团队？

9.5.1 何时去找帮手

企业一旦打开局面，创业者就不可能事事亲为，必须考虑选拔帮手来帮助自己。

有了帮手和新的资源，创业者的精力多少会得到一些释放。既然有了员工，必然会带来效应，员工总会告诉你需要更多人手才能完成现在的工作量，你所需要的团队会越来越大。

在计划招兵买马之前，建议创业者问自己三个问题：

1. 员工的工作你咬咬牙是否可以做下来？如果你能做下来，就不要先忙着请人，自己做毕竟更节省成本。

2. 员工对现金流的压力是否在你的控制范围内？不要指望人多业务自然就会上升，往往是人多成本先上升。如果没有把握建议再积累积累更妥当。

3. 是否考虑要找一个像样的办公室，否则没有一个工作的环境，员工就没有真正的归属感，没工作环境和归属感的公司，很难留住员工，留不住的员工，招来干什么?

如果创业者认为业务已经发展到自己透支体力都无法完成的话，创业者就应该考虑找资源来帮助你了。

9.5.2 找怎样的员工来帮你?

独木不成林，一个好汉三个帮。

一般而言至少要两个人才能把公司做起来，一个人负责业务和对外沟通（包括一些行政联系，例如税务），一个人负责业务沟通和实施，确保项目进行过程不出问题。即使是卖产品，也得一个人负责渠道，一个人负责销售，一个人兼管全部比较困难。

所以首先要找能帮你分担一部分业务的人。很多创业者在招人时有个短板，很难开得起待遇，但创业就是要精兵强将，但真要是精兵强将，就是合伙给股份，也不一定愿意给你打工。

有经验的创业者往往把标准降低为找老实听话的，能踏实做事情，先把常规工作包给他，把有挑战性的工作给自己，然后逐步把他培养成能做事的人。

但很多创业者不这么想，好不容易看到一个发展的机会，为什么请一些没有用或者说没有本事的人来帮自己，自己还得教他们，管他们?

所以有经验的创业者会先对自己的工作进行划分，一类是有技术含量，但有专业资源可以做的，选择外包，自己腾出精力做自己最有比较优势的事情。这样的工作内容很多，例如快递、代理记账，都是类似的业务。

外包的好处是在不降低质量的情况下获得生产力，不过要支付相对高的成本，影响业务重要和紧急的事情，要么亲力亲为，要么外包，不能只图省钱或省心。

所有不满和矛盾都集中对准你这个新手管理者，没有转圜余地。

其实办法很简单，创业者老板不要直接面向员工，哪怕公司只有5个人，也搞个中层经理，一般的事情请他去处理。你发现问题不要直接批评普通员工，去批评你的中层，然后你的中层自然会去管理普通员工。不过这中层情商要好，知道自己是唱白脸的，领导需要唱红脸。

日本公司总经理很少批评底层员工，对底层员工很和蔼，但他经常当着员工的面训斥中层，让普通员工很爽，但普通员工犯错了，找总经理也不行，他会说按流程处理，请直接领导负责处理。

所以我们要记住，任何时候员工投诉中层，要记得维护中层的威信，越过中层管理，就等于允许员工直接接受你管理。让中层处理员工矛盾，要按规程处理，不插手。假如中层做得不对，单独沟通，事后补救，这样中层的管理能力和意识也就慢慢上来了。

第四招：大事慢断，小事立定

创业者在小事情上不要优柔寡断，像今天去哪里吃饭，员工聚会搞个什么形式，要么放权手下处理，要么手下请示，立即决策，这是分分钟解决的事情。

但如果把这些不影响业务的小事情决策作风引入到对公司业务发展有重大影响的事情上，绝对要出大问题。

记住很多时候：慢比快“快”。大问题求找对方向，而不是效率；小事情求尽快处理，而不是目标。

特别是员工向老板投诉，客户投诉员工服务，财务投诉员工报销玩心眼时，不要立即轻信某一方的话，一定要多问几个相关人员。可以学电视里老板或领导的做法，说：好，我知道了，等我马上了解下情况，几天之内给你回复。

这一问，估计你犯错误的概率就大大降低了，这不就等于管理水平提高了吗？

第五招：习惯开例会

公司不论大小，一定要坚持开例会，是一个月一次还是一周，甚至是每天，可以自己去定义。

开例会需要设计会议议程、准备会议主题、讨论工作问题、提供解决办法。开例会的关键是一定要总结上次例会谈到的问题是否解决，形成对业务的持续监控和反馈。

假如你对自己脑袋记忆力没信心，请每次认真做例会笔记，这个过程不断坚持，你的管理水平就会不断提升。

很多创业者是不忙时想起开会，忙时就不开了。这样不行，必须找时间坚持开，任何制度只有你尊重它才会成为制度，否则就让大家都明白了，老板说的事情，是今天想起来了就问，明天忘了就不记得了，他们自然就晓得如何对付你了。

现在是互联网时代，开例会不要拘泥于形式。像秋叶老师的团队，例会就是每天晚上通过QQ讨论组沟通，所有的信息大家都可以看到，有意见都可以保存，随时可以查找，还不需要大家额外花时间集中，利用碎片时间就可以解决。

9.5.4 抓管理不如抓提成

在小公司，老板别把员工当朋友，和员工交心不如提高自己的管理水平，提高自己管理水平不如研究如何调度员工积极性。而调动员工积极性最简单的方法，就是设计大家有信心去做的提成制度。

很多创业小公司的提成制度，归结为一个字，累！

又不是跨国公司，把方方面面考虑周全，员工搞不懂，老板算不清，我建议创业初期大家不妨约定一个大的分配原则，收入多少钱进来，成本不能超过多少，提成大约是多少，不妨粗线条一点。

这种分配稍为粗糙，但这样的好处是大家努力做，做到了自然有回报；坏处是不够精细，难免成本核算也粗，分配也未必公平，但这个是小问题。认真产生管理成本，小公司一尝试管理行为加强核算就和大公司一样产生内耗。

大公司业务快速发展很难，大家有力使不出，不内耗公司就容易跑变形；

小公司业务发展慢了就死，大家要拼命做事，一内耗公司就容易耗干净。

让员工把精力要放在公司的业务扩张上，最好的办法是让每个员工的绩效制度直接和业务挂钩。

一般来说，公司员工希望得到的利益与公司规划未必是一致的，经常会有冲突。比如创业者希望员工按时按质完成工作，完不成加班加点都是应该的，这是责任心。但员工认为为了工作搞到天天加班，偶尔可以，经常就不行，应该给加班费，否则就消极罢工。

公司不可能指望员工长期牺牲个人利益去成全公司利益，所以创业者得多从激励制度上想办法。如果让员工收入和项目回款挂钩，那么他们就做得快、做得好，客户满意，就容易回款，他们自己会考虑要不要抓紧做完。

9.5.5 让员工养成书面化作业习惯

没有职业习惯的创业者往往都喜欢口头沟通，但成立公司还是要慢慢养成做事认证据、留凭证的习惯，养成书面化作业的习惯。

具体来讲：

1.重要票据移交，应由移交双方有一个签字确认，否则万一找不到了，也可以搞清楚是谁的保管责任。

2.工作汇报应形成文档，特别是重要的工作如果有汇报、会议，都应该做记录，把要点和要落实的工作写清楚。

3.外出工作应登记，外地出差应提供备忘录，要让领导知道你去了哪里，办什么事情，该不该报销相关费用。

4.物质发放应签字记录，不仅仅自己的工资要签字，代领工资、物资都要签字。

5.会议结论应成文确认，别以为嘴巴落实了就是落实了，否则员工也会用嘴巴执行的，还是应成文，无可抵赖，必须要落实。

养成书面记录的习惯，未必要用很多纸张，现在电脑普及，完全可以利用网络平台做记录、分享，既节约成本，又便于分享。

不过要求员工这样做，创业者自己就要先做到，否则员工也难以坚持下来。

9.5.6　让自己公司规范起来的方法

1. 统一公司邮箱和电话。不要每个人用自己的邮箱。统一公司名片上的邮件地址，不允许带个人地址。另外请务必留当地主流电信公司（电信或联通）的座机号码，座机号码不是用来让别人找你的，现在都有手机，而是让别人相信你有固定办公地点的。

2. 用相对好一点的纸印公司名片，哪里省不出这点钱？一包烟就可以让你整个团队的名片纸张上个档次。

3. 给公司做一个合适的网站，网站不一定花费贵，而是内容和图片设计符合自己的业务定位。网站首页是门面，一定要美观大方；另外需要注意的是，错乱无章的排版和错别字对企业形象伤害极大。

4. 设计标准的传真表头，网上有模板，微软的office online网站上也有模板，不费事，就是要记着这点，规范的模板还不容易漏关键信息。

5. 为公司的重要文档建立统一的模板，特别是需要提供给用户的计划、备忘录、方案等，采用统一的风格和排版，会给客户留下专业的印象，很多小公司的创业者几乎没有排版的审美能力，看方案就知道是小团队的作品，很难卖出好价钱。

6. 做一个好的公司介绍PPT，没有大楼，不等于没有精彩的PPT，可以谈你的业务，谈你的服务特色、产品特色、经营方向。这不需要花钱，但要用脑筋，一个创业者连这个门面功夫都不肯动脑筋，估计公司也不成气候。

7. 给员工配统一的服装，这会花钱，但效果很不错。不过这个最好创业者坚持穿西服、打领带做表率，员工就愿意接受工装。另外做工装尽量用好料子，这代表的也是公司的脸面。

8. 假如没钱，就给员工配带照片的胸牌，这个能立竿见影提升形象。

9. 假如员工小有规模，给他们配统一的带公司LOGO的笔和本子，其实成本贵不了多少，大量购买，和正常买价格是一样的。

10. 坚持办公室搞4S管理，其实就是要求办公室桌面下班前自己整理干净，员工养成物归其位的习惯。5S、6S的就不用了，毕竟太麻烦。

11. 注意更新会议室的报纸夹和杂志，注意清理烟灰缸，会议的遗留物应该在会议结束后立即清理。

12. 不允许员工在办公桌上吃饭，脏是小事情，时间长了一定招老鼠。

其实所谓的“正规”“专业”主要体现在细节方面。一个公司若能把细节管理好，就容易让人觉得这个公司值得信赖。

9.5.7　制定制度要考虑可操作性第一

有的公司规定员工迟到三次就无条件辞退，结果员工八点半就到大楼了，电梯每次排队半个多钟头，经常迟到，给领导一解释，也能理解，就不计较，这样的话这个制度就是形同废纸。

好的流程和制度一定要可操作，而且严格执行，才能成为公司的法律，否则所有的制度都会被慢慢突破，最终无人遵守了。

大部分制度之所以被扭曲变形，很重要的原因就是制度制定的时候就不具备可操作性，所以不得不妥协。既然如此，就不要定那些不能操作的制度。

以下都是从各个公司日常管理制度中找到的不容易操作的部分：

1. “禁止员工上网聊天。”——你要么干脆封QQ，要么用专用的聊天工具，例如员工统一用SKPYE，不用QQ。

2. “禁止员工上班时间看和工作无关的网站。”——这个边界太模糊，不如用业绩来考核。

3. “禁止员工用公司电话打私人电话。”——很难监控，抓住一次漏掉多数，被抓的不服气。现在电话费便宜，不如封了长途功能，或者提供电话录音功能。

4. “禁止员工在工作时间和工作场所睡觉。”——如果是吃零食、串岗、聊天、大声喧哗或做其他与工作无关的事情呢?

5. “任何人不得代替他人签到。”——这不如买指纹打卡机，或者和工牌绑定。

6. “员工在休假前，应将手中紧急的业务向适当的同事交接清楚，如因未交接或交接不当而延误业务或影响其他人的工作的，减发当月绩效工资的5%。

如导致客户投诉的，减发当月绩效工资的10%。”——关键是交接清楚这个没办法界定。不如简单要求办理一个交接单，双方签字确定即可。

7. “员工应时刻维护公司的利益，禁止任何损害公司利益的行为。”——从公司拿办公用品回家用算不算侵犯公司利益？很多人都是这么干的，边界模糊，法不责众。

8. “不得打听同事工资，违者罚款。”——其实中国人就是喜欢打听，真有不打听的，都是待遇比一般人好很多的。

9. “不得在公司电脑上插入私人U盘。”——不如封电脑的USB口，开了就难禁止。

10. “严禁拷贝公司文件到私人电脑。”——不如装加密软件管理系统。

11. “每次电话通话以三分钟为限。”——这个是不可能操作的。

12. “长途电话的使用必须经过部门主管的批准。”——这部门主管真没价值，就干这些事情。

办公司制定制度要考虑到人是活的、业务是活的、具体事情是复杂的，公司很多日常经营活动，除了守住几条必要的底线之外，大部分时候不得不随时做各种各样的变通，凡是经常要变通的，不建议做成刚性的制度。

好的制度设计是让大家的工作行为产生的业绩和公司的管理目标匹配，不是让大家产生不必要的监控成本、相互猜疑和不平等的心理。

9.5.8 哪些业务不能交给员工做

既然是一起创业，要尊重自己的员工，但别把员工当兄弟。

公司得有公司的样，员工只要不是老板，就永远不会和老板的心思一模一样，这个道理，做老板的都想过。

假如你明白这个道理，你就不会：

1.让员工知道公司的财务机密，比如在忙不过来的时候让员工去办理一些银行会计事宜。

2.在关系没有彻底搞定的情况下，让员工负责核心客户的商务工作。

3.在客户还没有依赖你的服务情况下，就让员工去全面接手负责业务。

4.和员工大谈特谈你的商业梦想，也许是梦想，也许包含了你的商业核心创新点。

5.让员工拿着公司合同章去签合同。

6.让员工替你招人，甚至面试还有培训。

7.让员工设计部门制度和流程。

不管什么时候，把底牌给自己多留一张。一个创业者之所以会觉得创业过程锻炼人，是因为创业让你亲历很多事情，而不是很多事情让你手下替你亲历，否则你就是在出钱培养一个好创业者。

9.5.9 离职员工还得防

员工离职总不以人的意志为转移，铁打的营盘流水的兵，讲的是好合好散，将来彼此都发展了，未必不是生意上新的合作资源。

但员工离职好合好散的少，一肚子怨气的多，有怨气会怎么办?

无非四个麻烦：

1.借公司的物品不归还。

公司押着工资奖金不兑现，我借公司的笔记本电脑就不还，最后往往是员工拿电脑跑了，公司把该报销的、该发的奖金工资扣下了。员工要是主动把东西交了，就是没谈判筹码了，在中国，小公司管理不规范的地方多，还不如提前规范。

2.拿公司资料跑路。

公司的资料大多无用，但员工习惯是能复制的就复制了，这个没办法，好在员工能拿的资料也没什么值钱的，只要关系和技术核心不泄密，就不怕。

3.人之将走，其言也偏激。

人要是死了，其言也善，人要是离职，其言往往偏激，问题是对底层员工而言，他们相信同类，不相信老板。特别是一些玩小勾当的小老板，员工本来就不满，这么一说，兔死狐悲，觉得自己也该离职走的人大有人在。

别太担心，普通员工没这么大煽动力，他们没下家不会轻易走。所以创业者遇到非核心员工要离职，建议快刀斩乱麻，立即清退，不给他在公司过多的工作交接时间，最好一天搞完。小公司也应该没那么多要交接的事情吧，怕是离职前一起大聊所谓公司的阴暗面！公司略微吃点亏，钱的地方看开点，和减少负面言论相比，值得！

如果是重要员工，不如开个欢送会，留下彼此感念的余地，将来也是生意场上合作伙伴。

4.想挖公司的客户。

有些员工离开是为了自己创业，这个时候公司的客户会不会被他们带跑，很难讲。老板如果知道负责客户的员工离职，必须立即主动安排和客户沟通，防止意外。

每当有重要员工离职，还建议小老板们和其他员工做一次一对一的较为深入的沟通谈话，了解把握其他员工动态，防止出现连带离职效应，那样就麻烦了。